다섯글자

중국어로 쉽게 말하기

다섯글자 **중국어**로 쉽게 말하기

초판 2쇄 발행 2017년 3월 7일
초판 1쇄 발행 2015년 10월 5일
초판 1쇄 인쇄 2015년 9월 23일

지은이   연리지
펴낸이   임충배
디자인   최종미
펴낸곳   도서출판 삼육오 (PUB.365)
제작   (주)피앤엠123

출판신고 2014년 4월 3일
등록번호 제406-2014-000035호

경기도 파주시 산남로 183-25
TEL (031)946-3196 FAX (031)946-3171
홈페이지   www.pub365.co.kr

ISBN 979-11-86533-18-5 14700
© 2015 PUB.365 & 연리지

이 도서의 국립중앙도서관 출판예정도서목록(CIP)은 서지정보유통지원시스템 홈페이지(http://seoji.nl.go.kr)와
국가자료공동목록시스템(http://www.nl.go.kr/kolisnet)에서 이용하실 수 있습니다. (CIP제어번호: CIP2015022711)

다섯글자
뜻 중국어 기초회화 다섯 글자로 충분!
중국어
로
쉽게
말하기
我也願意説 漢語。
연리지 著
입문 초급 중급 고급

머리말

이 책은 중국어를 처음 시작하거나 시작한 후 힘든 고비를 겪고 있는 학습자를 위해 준비했습니다. 많은 중국어 학습자들이 중국어는 다른 언어와 달리 처음 시작부터 너무 어렵다는 말을 많이 합니다.

하지만 이 책을 학습하는 독자에게 확실하게 말해 줄 수 있는 것은, 모든 어려움에는 고통이 있지만, 그 고비만 넘기고 나면 그보다 훨씬 더 값진 결과물이 기다리고 있다는 것입니다. 중국어도 마찬가지입니다. **성조가 되지 않는 분! 중국어 한자가 아니라 병음만 눈에 들어오는 분! 단어와 병음이 하나로 되지 않는 분! 그리고 짜이찌엔 정도는 알고 계신 분!** 모두 지금 이 순간을 참고 중국어를 공부한다면, 이후에 더 값진 것을 얻을 수 있으며, 중국어가 정말 쉽다라는 것을 알 수 있을 것입니다.

〈다섯글자 중국어로 쉽게 말하기〉는 총 60개 패턴을 정리하였으며, 매일 3개 정도의 패턴을 학습하여 30일에 초급 중국어를 끝낼 수 있게 만들었습니다. 교재 안의 [문장 최강 복습]과 [성조 최강 복습]을 통해 문장을 완벽하게 익혀, 본 교재에서 학습한 문장을 실생활에 꼭 적용하여 자신의 문장으로 만들 수 있기를 바랍니다.

나도 중국어를 말할 수 있게 해주는 책
말하면 할수록 중국어가 재미있어지는 책
해결법은 〈다섯글자 중국어 쉽게 말하기〉로 끝내세요!

저자 연리지

이 책의 특징

1. 다섯 글자로 중국어 초급 회화 완성

말을 길게해야 중국어를 잘한다 할 수 있을까요?
다섯 글자로 모든 일상 회화가 가능합니다.

2. 중국어 첫걸음 강의 QR코드 무료 제공

중국어 잘하는 아나운서!
김정은 선생님의 무료 강의로 중국어 첫걸음을 마스터 하세요.

3. 듣기만 해도 말이되는 패턴 연습용 MP3 무료 제공

무료로 제공되는 패턴 훈련용 MP3, 듣기만 해도 말이 술술 나옵니다.

4. 단어 노트 무료 제공

회화의 기본은 단어! 본문의 주요 단어 이외 유사 상황에 대처할 수 있게
추가 단어를 별도로 정리하였습니다.

5. 중국어 SPEED VOCA

본문 단어를 빠르게 학습할 수 있는 효과적인 단어암기 학습비법
SPEED VOCA를 무료로 제공합니다.

* 패턴 연습용 MP3, 단어 노트 무료 제공
  홈페이지 www.pub365.co.kr 도서자료실 무료 다운로드

목차

INTRO 중국어 기본은 알고 가자!

PART 1 기본을 익히자!

01장 뼈대를 알아야 살을 붙인다. 기본문장 알아보기!

02장 목적어와의 관계를 표현하는 기본 동사!

03장 주어의 행위와 심리를 나타내는 필수 동사!

04장 목적어와 인연이 없는 형용사!

05장 동사 앞에 있어야 존재감이 있는 조동사!

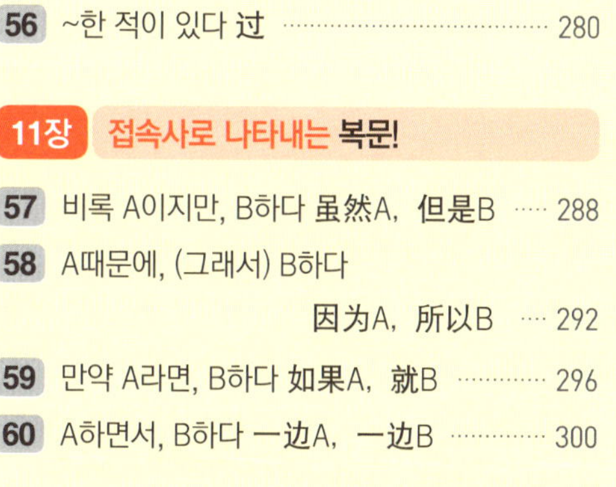

이 책의 구성

정거장 코너

중국어 기본은 알고 가자!
중국어를 배우기 위해 반드시 알고 넘어가야 하는 내용! 중국어의 성모, 운모, 성조 등을 정리했습니다. 학습 시작 전 반드시 익히세요!

POINT 1

확장연습
기본문장을 확장해 보며 연습할 수 있게 정리했습니다. 문장을 연습하며 패턴의 의미를 익히세요.

깡그리 문장패턴
동일한 패턴의 문장을 글자 수에 맞춰 반복학습 할 수 있어 학습률을 높일 수 있습니다. 단어는 바로 아래에 따로 정리하여 바로바로 익힐 수 있습니다.

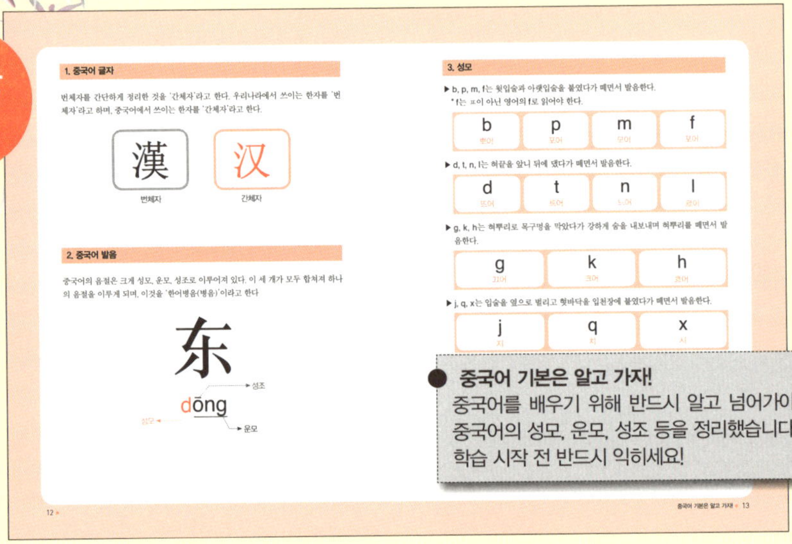

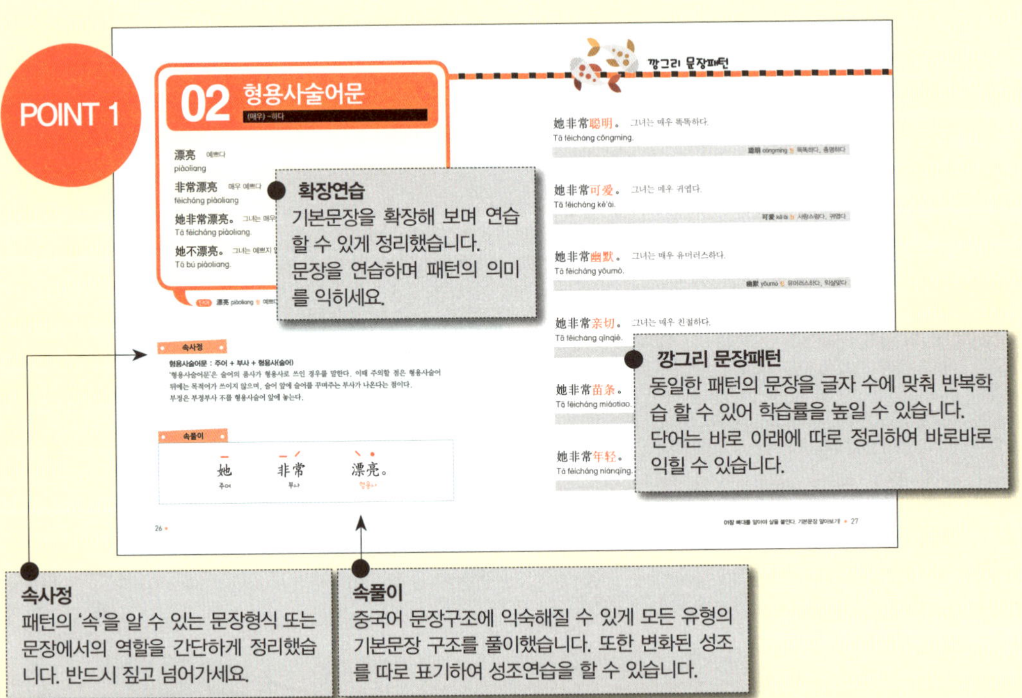

속사정
패턴의 '속'을 알 수 있는 문장형식 또는 문장에서의 역할을 간단하게 정리했습니다. 반드시 짚고 넘어가세요.

속풀이
중국어 문장구조에 익숙해질 수 있게 모든 유형의 기본문장 구조를 풀이했습니다. 또한 변화된 성조를 따로 표기하여 성조연습을 할 수 있습니다.

POINT 2

● **문장 최강 복습**
'병음 + 한국어'로 정리하여, 앞에서 학습한 문장을 바로 복습할 수 있습니다.
한국어 부분을 가리고 병음을 보며 의미를 생각해 보세요.

● **성조 최강 복습**
보고, 외워도 잘 익혀지지 않는, 하지만 중국어에서 중요한 성조를 익힐 수 있게 성조표기 연습을 준비했습니다.
한자 위에 있는 빈칸에 변화되지 않은 성조를 표기하며 읽어보세요.

Plus어휘
실생활에서 유용하게 사용할 수 있는 어휘를 따로 모았습니다. 학습한 유형에 적용하여 연습해보세요!

POINT 3

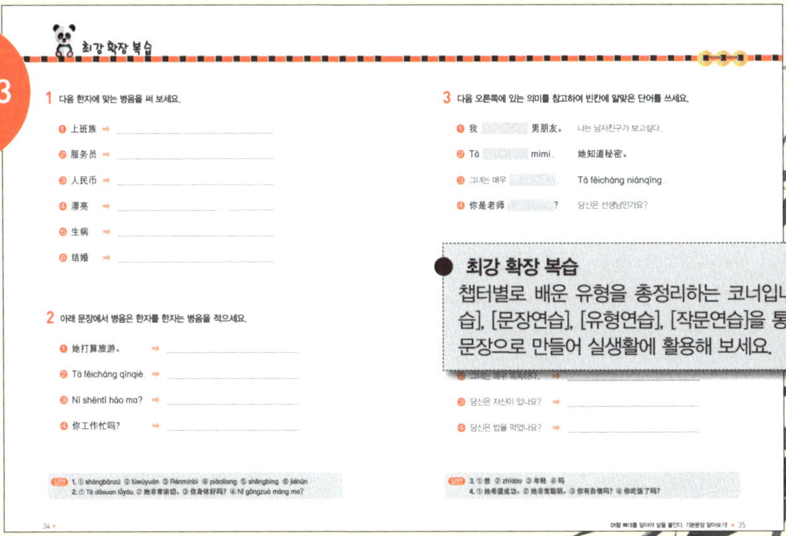

최강 확장 복습

1 다음 한자에 맞는 병음을 써 보세요.
❶ 上班族 ➡
❷ 服务员 ➡
❸ 人民币 ➡
❹ 漂亮 ➡
❺ 生病 ➡
❻ 结婚 ➡

2 아래 문장에서 병음은 한자를 한자는 병음을 적으세요.
❶ 她打算旅游。 ➡
❷ Tā fēicháng qīnqiè ➡
❸ Nǐ shēntǐ hǎo ma? ➡
❹ 你工作忙吗? ➡

3 다음 오른쪽에 있는 의미를 참고하여 빈칸에 알맞은 단어를 쓰세요.
❶ 我 ____ 男朋友。 나는 남자친구가 보고싶다.
❷ Tā ____ mimi. 她知道秘密。
❸ 그녀는 매우 ____. Tā fēicháng niánqīng.
❹ 你是老师 ____? 당신은 선생님인가요?

● **최강 확장 복습**
챕터별로 배운 유형을 총정리하는 코너입니다. [단어연습], [문장연습], [유형연습], [작문연습]을 통해 자기만의 문장으로 만들어 실생활에 활용해 보세요.

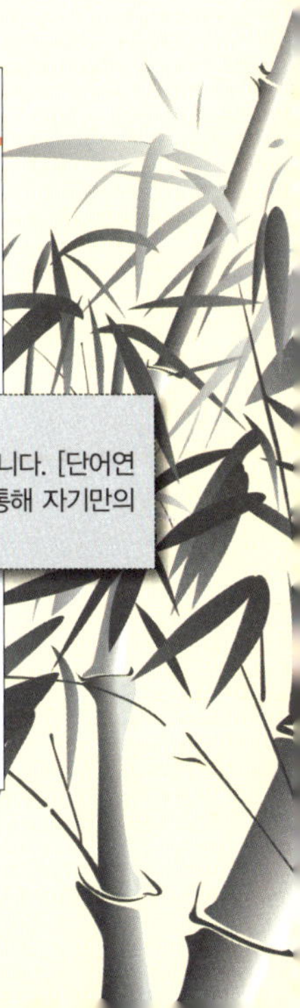

INTRO

중국어 기본은 알고 가자!

첫걸음 강의 VOD
* 스마트폰 QR코드 리더기로
  스캔해 보세요.

번체자를 간단하게 정리한 것을 '간체자'라고 한다. 우리나라에서 쓰이는 한자를 '번체자'라고 하며, 중국어에서 쓰이는 한자를 '간체자'라고 한다.

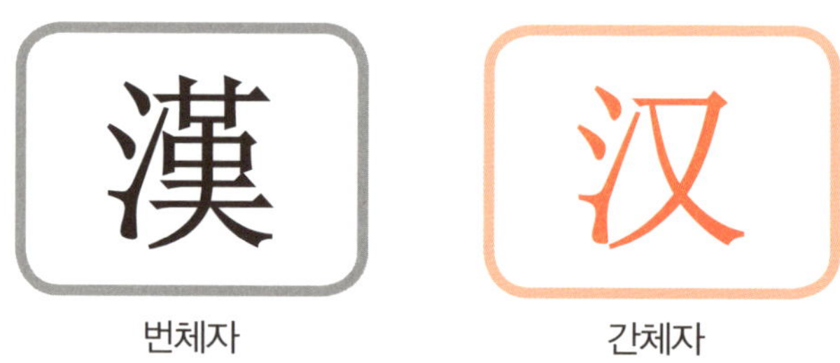

중국어의 음절은 크게 성모, 운모, 성조로 이루어져 있다. 이 세 개가 모두 합쳐져 하나의 음절을 이루게 되며, 이것을 '한어병음(병음)'이라고 한다

▶ b, p, m, f는 윗입술과 아랫입술을 붙였다가 떼면서 발음한다.
  * f는 ㅍ이 아닌 영어의 f로 읽어야 한다.

▶ d, t, n, l는 혀끝을 앞니 뒤에 댔다가 떼면서 발음한다.

▶ g, k, h는 혀뿌리로 목구멍을 막았다가 강하게 숨을 내보내며 혀뿌리를 떼면서 발음한다.

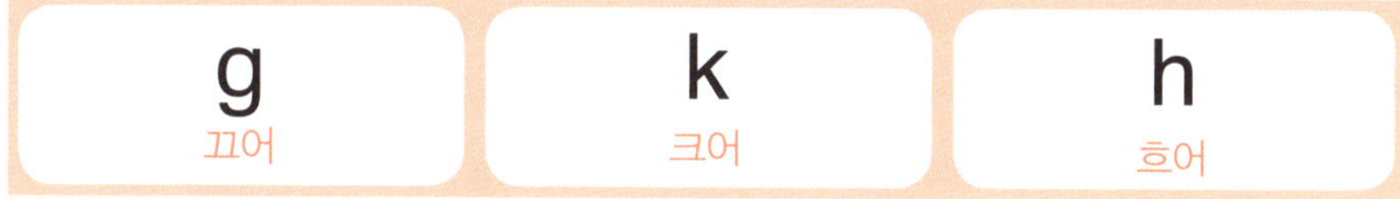

▶ j, q, x는 입술을 옆으로 벌리고 혓바닥을 입천장에 붙였다가 떼면서 발음한다.

▶ z, c, s는 입술을 옆으로 벌리고 혀끝을 윗니 뒤쪽에 붙였다가 떼면서 발음한다.

▶ zh, ch, sh, r는 혀끝을 말아 입천장에 붙였다가 떼면서 발음한다.

▶ 단운모

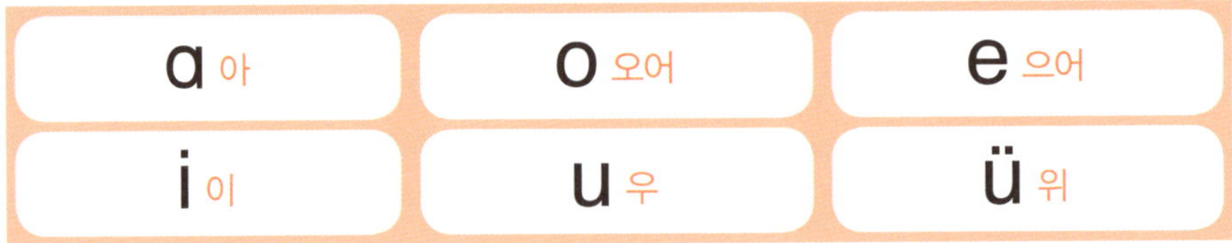

a 아	o 오어	e 으어
i 이	u 우	ü 위

▶ 복운모

| ai 아이 | ei 에이 | ao 아오 | ou 어우 |

▶ 비운모

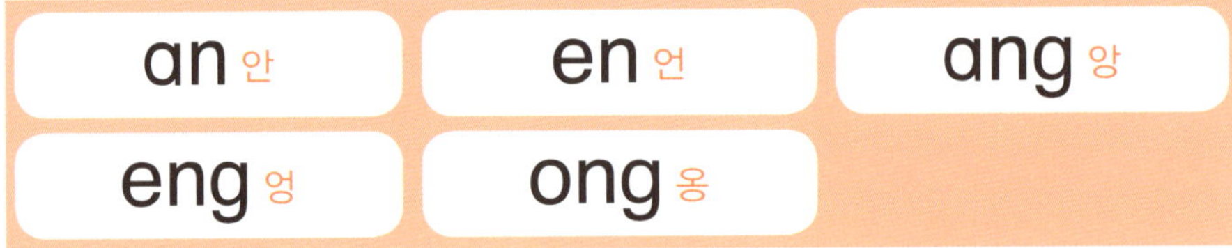

an 안	en 언	ang 앙
eng 엉	ong 옹	

▶ 권설운모

| er 얼 |

(1) 복운모와 단운모 + 복운모

▶ i로 시작하는 복운모 앞에 성모가 없으면 i를 y로 표기한다. 단, in과 ing은 i를 yi로 표기하며, '성모 + iou'는 '성모 + iu'로 표기한다. (예 xiou → xiu)

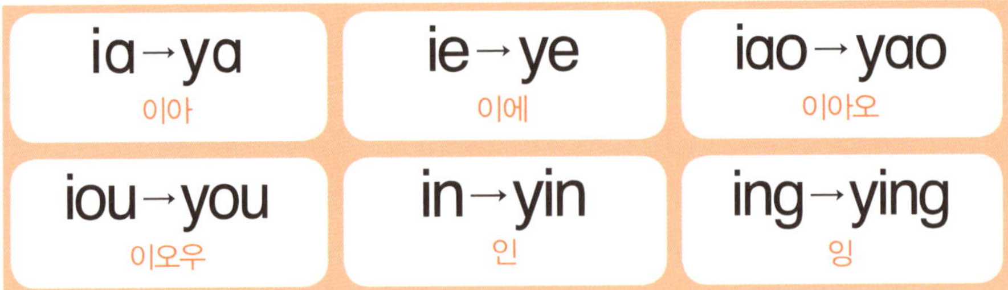

ia→ya 이아	ie→ye 이에	iao→yao 이아오
iou→you 이오우	in→yin 인	ing→ying 잉

ian→yan	iang→yang	iong→yong
(이)앤	(이)양	(이)용

▶ u로 시작하는 복운모 앞에 성모가 없으면 u를 w로 표기한다. uei는 성모와 결합시 '성모 + ui'로, uen은 '성모 + un'으로 표기한다. (예 duei → dui / duen → dun)

ua→wa	uo→wo	uai→wai
우아	우어	우아이
uan→wan	uang→wang	uen→wen
우안	(우)왕	(우)원

▶ ü로 시작하는 복운모 앞에 성모가 없으면 ü를 yu로 표기하면서 ü위에 있는 두 점은 생략한다.

üe→yue	üan→yuan	ün→yun
위에	위앤	윈

(2) 성모와 운모 결합의 또 다른 비밀

▶ 성모 j, q, x가 운모 ü와 결합할 때에는 운모 위의 두 점을 생략한다.

jüe→jue	jüan→juan	jün→jun
쥐에	쥐앤	쥔
qüe→que	qüan→quan	qün→qun
취에	취앤	췬
xüe→xue	xüan→xuan	xün→xun
쉬에	쉬앤	쉰

중국어에는 총 5개의 음의 높낮이가 있으며, 음절에 따라 성조변화가 있다. 중국어는 성조에 따라 의미가 변할 수 있으므로 주의해야 한다.

제1성 ā 산에서 '아~'라고 메아리를 부르는 것처럼 처음부터 끝까지 같은 음높이로 평평하게 유지한다. 예 妈 mā 엄마

제2성 á 어떤 질문에 되물을 때 '네에~?'처럼 중간음에서 높은 음까지 단번에 끌어 올린다. 예 麻 má 마

제3성 ǎ 무언가 깨달았을 때 '아~ 그렇구나'할 때처럼 중간 아래 음에서 제일 낮은 음으로 내려왔다가 다시 위로 올라간다. 예 马 mǎ 말

반3성 ǎ 성조 변화에서 생기는 반3성은 제일 낮은 음으로 내려왔다 다시 올리지 않는다.

제4성 à 어딘가에 부딪혀 아플 때 '애!'하는 것처럼 가장 높은 음에서 가장 낮은 음으로 단숨에 내린다. 예 骂 mà 욕

경성 앞 음절의 성조에 이어 가볍고 짧게 발음하며, 성조표시는 없다. 예 妈妈 māma 엄마

성조표기 규칙

① 성조는 운모 위에 표기하며, 운모가 두 개 이상일 경우에는 주요 모음 위에 찍는다. 주요 모음은 아래와 같은 순서로 정해진다.

$$a > o = e > i = u = ü$$

예 gāi 该 ~해야 한다   zǒu 走 걷다   yuè 月 월

② 성조 부호를 i에 표기할 경우 위에 점은 생략한다.

예 yīfu 衣服 옷   kěyǐ 可以 ~할 수 있다

③ 운모 i와 u가 나란히 있을 때는 뒤에 오는 운모에 성조를 표기한다.

예 guì 贵 비싸다　　xiū 休 휴식하다

6. 성조 변화

중국어에는 3성의 성조변화, 一(yī)의 성조변화, 不(bù)의 성조변화가 있다. 변화된 성조를 기억하여 읽을 때 주의해야 한다.

1 3성의 변화

① 3성 뒤에 1성, 2성, 4성, 경성이 있으면 앞의 3성은 반3성으로 읽는다.

예 北京 Běijīng 북경　　很忙 hěn máng 매우 바쁘다　　可爱 kě'ài 귀엽다

② 3성 뒤에 3성이 있으면 앞의 3성은 2성으로 읽는다.

예 很好 hěn hǎo 매우 좋다　　首尔 Shǒu'ěr 서울　　显小 xiǎnxiǎo 어려 보인다

2 一의 변화

① 숫자로 읽을 때에는 1성 yī로 읽는다.

예 十一 shíyī 11　　四百零一 sì bǎi líng yī 401

② 一 뒤에 1, 2, 3성이 나오면 1성을 4성 yì로 읽는다.

예 一生 yìshēng 평생　　一杯茶 yì bēi chá 차 한 잔

③ 一 뒤에 4성이 나오면 1성을 2성 yí로 읽는다.

예 一件 yí jiàn 한 벌　　一会儿 yíhuìr 잠깐

3 不의 변화

① 不 뒤에 1, 2, 3성이 나오면 성조변화 없이 4성 bù로 읽는다.

예 不来 bù lái 오지 않다　　不高 bù gāo 높지 않다

② 不 뒤에 4성이 나오면 4성을 2성 bú로 읽는다.

예 不累 bú lèi 피곤하지 않다　　不去 bú qù 가지 않다

PART 1

기본을 익히자!

01장

뼈대를 알아야
살을 붙인다.
기본문장 알아보기!

~이다 동사술어문 / (매우) ~하다 형용사술어문 /
~입니까? 吗의문문

1단계	'주어', '술어', '목적어' 문장성분의 의미와 기능을 익힌다.
2단계	중국어의 어순 '주어 + 술어 + 목적어'를 먼저 익힌다.
3단계	술어의 종류와 부정문을 만들 수 있는 부정부사 不를 익힌다.
4단계	의문조사 吗로 평서문을 의문문으로 만드는 방법을 익힌다.

01 동사술어문

~이다

上班族　직장인
shàngbānzú

是上班族　직장인이다
shì shàngbānzú

她是上班族。　그녀는 직장인이다.
Tā shì shàngbānzú.

她不是上班族。　그녀는 직장인이 아니다.
Tā bú shì shàngbānzú.

단어 上班族 shàngbānzú 명 직장인 | 是 shì 동 ～이다 | 她 tā 대 그녀 | 不 bù 부 ～이 아니다

속사정

동사술어문 : 주어 + 동사(술어) + 목적어
'동사술어문'이란 술어의 품사가 동사 또는 동사구로 쓰일 경우를 말한다.
이때 동사 뒤에 목적어는 반드시 있어야 한다. 부정은 부정부사 不를 동사 是 앞에 놓는다.

속풀이

她	是	上班族。
주어	동사	목적어

她是服务员。 그녀는 종업원이다.
Tā shì fúwùyuán.

服务员 fúwùyuán 명 종업원

她想男朋友。 그녀는 남자친구가 보고싶다.
Tā xiǎng nánpéngyou.

想 xiǎng 동 보고싶다 | 男朋友 nánpéngyou 명 남자친구

她要人民币。 그녀는 인민폐가 필요하다.
Tā yào Rénmínbì.

要 yào 동 필요하다 | 人民币 Rénmínbì 명 인민폐(중국 화폐)

她希望成功。 그녀는 성공을 희망한다.
Tā xīwàng chénggōng.

希望 xīwàng 동 희망하다 | 成功 chénggōng 명 성공

她知道秘密。 그녀는 비밀을 알고 있다.
Tā zhīdào mìmì.

知道 zhīdào 동 알다 | 秘密 mìmì 명 비밀

她打算旅游。 그녀는 여행을 하려고 한다.
Tā dǎsuan lǚyóu.

打算 dǎsuan 동 ～하려고 하다, 계획하다 | 旅游 lǚyóu 명 여행

▶ 다음 내용을 보고 중국어를 생각하며 말해보세요.

1 Tā shì fúwùyuán. ➡ 그녀는 종업원이다.

2 Tā xiǎng nánpéngyou. ➡ 그녀는 남자친구가 보고싶다.

3 Tā yào Rénmínbì. ➡ 그녀는 인민폐가 필요하다.

4 Tā xīwàng chénggōng. ➡ 그녀는 성공을 희망한다.

5 Tā zhīdào mìmì. ➡ 그녀는 비밀을 알고 있다.

6 Tā dǎsuan lǚyóu. ➡ 그녀는 여행을 하려고 한다.

Plus 어휘

직업 售货员 shòuhuòyuán 몡 판매원 | 顾主 gùzhǔ 몡 바이어 | 空中小姐 kōngzhōng xiǎojiě 몡 스튜어디스 | 老板 lǎobǎn 몡 사장 | 警察 jǐngchá 몡 경찰

▶ 다음 중국어에 맞게 성조를 표시하며 말해보세요.

1 她 是 服 务 员 。

2 她 想 男 朋 友 。

3 她 要 人 民 币 。

4 她 希 望 成 功 。

5 她 知 道 秘 密 。

6 她 打 算 旅 游 。

Plus 어휘

직업 司机 sījī 명 기사 | 厨师 chúshī 명 요리사 | 医生 yīshēng 명 의사 | 护士 hùshi 명 간호사 | 公务员 gōngwùyuán 명 공무원 | 演员 yǎnyuán 명 배우

02 형용사술어문

(매우) ~하다

漂亮　예쁘다
piàoliang

非常漂亮　매우 예쁘다
fēicháng piàoliang

她非常漂亮。　그녀는 매우 예쁘다.
Tā fēicháng piàoliang.

她不漂亮。　그녀는 예쁘지 않다.
Tā bú piàoliang.

단어　漂亮 piàoliang 형 예쁘다 | 非常 fēicháng 부 매우 | 她 tā 대 그녀 | 不 bù 부 ~이 아니다

속사정

형용사술어문 : 주어 + 부사 + 형용사(술어)

'형용사술어문'은 술어의 품사가 형용사로 쓰인 경우를 말한다. 이때 주의할 점은 형용사술어 뒤에는 목적어가 쓰이지 않으며, 술어 앞에 술어를 꾸며주는 부사가 나온다는 점이다.
부정은 부정부사 不를 형용사술어 앞에 놓는다.

속풀이

她	非常	漂亮。
주어	부사	형용사

她非常聪明。　그녀는 매우 똑똑하다.
Tā fēicháng cōngmíng.

聪明 cōngmíng 형 똑똑하다, 총명하다

她非常可爱。　그녀는 매우 귀엽다.
Tā fēicháng kě'ài.

可爱 kě'ài 형 사랑스럽다, 귀엽다

她非常幽默。　그녀는 매우 유머러스하다.
Tā fēicháng yōumò.

幽默 yōumò 형 유머러스하다, 익살맞다

她非常亲切。　그녀는 매우 친절하다.
Tā fēicháng qīnqiè.

亲切 qīnqiè 형 친절하다, 친밀하다

她非常苗条。　그녀는 매우 날씬하다.
Tā fēicháng miáotiao.

苗条 miáotiao 형 (몸매가) 날씬하다, 호리호리하다

她非常年轻。　그녀는 매우 젊다.
Tā fēicháng niánqīng.

年轻 niánqīng 형 젊다

▶ 다음 내용을 보고 중국어를 생각하며 말해보세요.

1 Tā fēicháng cōngming. ➡ 그녀는 매우 똑똑하다.

2 Tā fēicháng kě'ài. ➡ 그녀는 매우 귀엽다.

3 Tā fēicháng yōumò. ➡ 그녀는 매우 유머러스하다.

4 Tā fēicháng qīnqiè. ➡ 그녀는 매우 친절하다.

5 Tā fēicháng miáotiao. ➡ 그녀는 매우 날씬하다.

6 Tā fēicháng niánqīng. ➡ 그녀는 매우 젊다.

Plus 어휘

묘사 美丽 měilì 형 아름답다 | 活泼 huópō 형 활발하다 | 少相 shàoxiang 형 젊어 보이다 | 瘦 shòu 형 마르다, 여위다

▶ 다음 중국어에 맞게 성조를 표시하며 말해보세요.

□ □ □ □ □
1 她 非 常 聪 明 。

□ □ □ □ □
2 她 非 常 可 爱 。

□ □ □ □ □
3 她 非 常 幽 默 。

□ □ □ □ □
4 她 非 常 亲 切 。

□ □ □ □ □
5 她 非 常 苗 条 。

□ □ □ □ □
6 她 非 常 年 轻 。

Plus 어휘

묘사 笨蛋 bèndàn 명 바보 | 丑 chǒu 형 못생기다 | 胖 pàng 형 뚱뚱하다, 살찌다 | 老 lǎo 형 늙다 | 显老 xiǎnlǎo 동 늙어보이다

03 吗의문문

~입니까?

好　좋다
hǎo

身体好。　건강이 좋다.
Shēntǐ hǎo.

身体好吗?　건강 하세요?
Shēntǐ hǎo ma?

你身体好吗?　당신은 건강하세요?
Nǐ shēntǐ hǎo ma?

단어 **好** hǎo [형] 좋다 | **身体** shēntǐ [명] 건강, 신체 | **吗** ma [조] ~입니까 | **你** nǐ [대] 너, 당신

속사정

吗의문문 – 주어 + 술어 + (목적어 +) 吗
吗는 중국어에서 의문문을 만들 수 있는 가장 기본적인 의문조사로, 평서문 끝에 **吗**를 붙이면
'~입니까'라는 뜻의 의문문이 된다.
吗는 경성이며 문장은 끝을 살짝 올려 읽는다.

속풀이

你身体　　好　　吗?
주어　　　형용사　　의문조사

你是老师吗?　당신은 선생님인가요?
Nǐ shì lǎoshī ma?

老师 lǎoshī 명 선생님

你有自信吗?　당신은 자신이 있나요?
Nǐ yǒu zìxìn ma?

有 yǒu 동 있다 | 自信 zìxìn 동 자신

你工作忙吗?　당신은 일이 바쁜가요?
Nǐ gōngzuò máng ma?

工作 gōngzuò 명 일 | 忙 máng 형 바쁘다

你吃饭了吗?　당신은 밥을 먹었나요?
Nǐ chīfàn le ma?

吃饭 chīfàn 동 밥을 먹다 | 了 le 조 완료를 나타내는 조사

你生病了吗?　당신은 병이 났나요?
Nǐ shēngbìng le ma?

生病 shēngbìng 동 병이 나다

你结婚了吗?　당신은 결혼을 했나요?
Nǐ jiéhūn le ma?

结婚 jiéhūn 동 결혼하다

▶ 다음 내용을 보고 중국어를 생각하며 말해보세요.

1   Nǐ shì lǎoshī ma?   ➡   당신은 선생님인가요?

2   Nǐ yǒu zìxìn ma?   ➡   당신은 자신이 있나요?

3   Nǐ gōngzuò máng ma?   ➡   당신은 일이 바쁜가요?

4   Nǐ chīfàn le ma?   ➡   당신은 밥을 먹었나요?

5   Nǐ shēngbìng le ma?   ➡   당신은 병이 났나요?

6   Nǐ jiéhūn le ma?   ➡   당신은 결혼을 했나요?

Plus 어휘

음식 泡菜 pàocài 몡 김치 | 拉面 lāmiàn 몡 라면 | 辣炒年糕 làchǎo niángāo 몡 떡볶이 | 紫菜饭 zǐcàifàn 몡 김밥 | 汉堡包 hànbǎobāo 몡 햄버거 | 快餐 kuàicān 몡 패스트 푸드

▶ 다음 중국어에 맞게 성조를 표시하며 말해보세요.

□□□□□
1 你是老师吗？

□□□□□
2 你有自信吗？

□□□□□
3 你工作忙吗？

□□□□□
4 你吃饭了吗？

□□□□□
5 你生病了吗？

□□□□□
6 你结婚了吗？

Plus 어휘

음식 拌饭 bànfàn 명 비빔밥 | 炸鸡 zhájī 명 치킨 | 饭团 fàntuán 명 주먹밥 | 炒饭 chǎofàn 명 볶음밥 | 面条 miàntiáo 명 국수 | 烤肉 kǎoròu 명 불고기

1 다음 한자에 맞는 병음을 써 보세요.

❶ 上班族 ➡ ______________________

❷ 服务员 ➡ ______________________

❸ 人民币 ➡ ______________________

❹ 漂亮 ➡ ______________________

❺ 生病 ➡ ______________________

❻ 结婚 ➡ ______________________

2 아래 문장에서 병음은 한자를 한자는 병음을 적으세요.

❶ 她打算旅游。 ➡ ______________________

❷ Tā fēicháng qīnqiè. ➡ ______________________

❸ Nǐ shēntǐ hǎo ma? ➡ ______________________

❹ 你工作忙吗? ➡ ______________________

답안 1. ① shàngbānzú ② fúwùyuán ③ Rénmínbì ④ piàoliang ⑤ shēngbìng ⑥ jiéhūn
2. ① Tā dǎsuan lǚyóu. ② 她非常亲切。③ 你身体好吗? ④ Nǐ gōngzuò máng ma?

3 다음 오른쪽에 있는 의미를 참고하여 빈칸에 알맞은 단어를 쓰세요.

❶ 我 ________ 男朋友。　　나는 남자친구가 보고싶다.

❷ Tā ________ mìmì.　　她知道秘密。

❸ 그녀는 매우 ________.　　Tā fēicháng niánqīng.

❹ 你是老师 ________ ?　　당신은 선생님인가요?

4 다음 한국어 문장을 중국어 문장으로 만들어 보세요.

❶ 그녀는 성공을 희망한다. ➡ ______________________

❷ 그녀는 매우 똑똑하다. ➡ ______________________

❸ 당신은 자신이 있나요? ➡ ______________________

❹ 당신은 밥을 먹었나요? ➡ ______________________

02장

목적어와의 관계를
표현하는
기본동사!

~이다 是구문 / 있다 有 / ~에 있다 在

1단계 是, 有, 在의 의미를 익힌다.

2단계 是, 有, 在와 자주 쓰이는 주어를 익힌다.

3단계 是, 有, 在 뒤에 자주 오는 목적어를 익힌다.

4단계 有의 부정을 반드시 기억한다.

04 是 / 不是

韩国人　　한국사람
Hánguórén

是韩国人　　한국사람이다
shì Hánguórén

我是韩国人。　　나는 한국사람이다.
Wǒ shì Hánguórén.

我不是韩国人。　　나는 한국사람이 아니다.
Wǒ bú shì Hánguórén.

단어　韩国人 Hánguórén 명 한국사람 | 是 shì 동 ~이다 | 我 wǒ 대 나, 저 | 不 bù 부 ~이 아니다

속사정

동사 **是**는 '~이다'라는 의미로, 중국어에서 가장 기본 동사이다.
'A는 B이다'라는 A와 B의 동일함을 나타내고자 할 때 대표적으로 '**A是B**' 구조를 사용하면 된다.
부정은 부정부사 **不**를 동사 **是** 앞에 쓴다.

속풀이

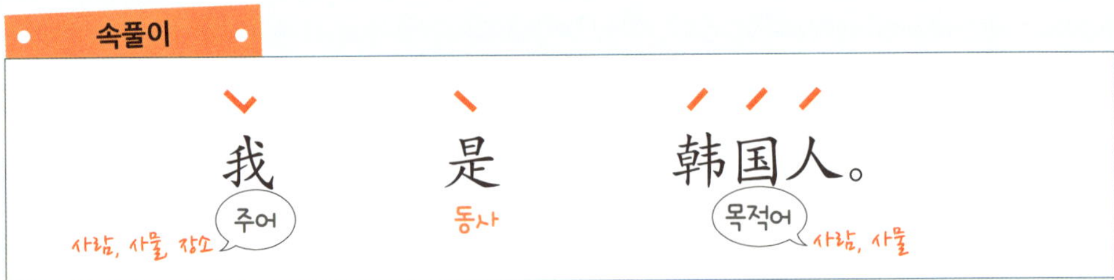

我**是**中国人。　나는 중국사람이다.
Wǒ shì Zhōngguórén.

中国人 Zhōngguórén 명 중국사람

我**是**美国人。　나는 미국사람이다.
Wǒ shì Měiguórén.

美国人 Měiguórén 명 미국사람

我**是**日本人。　나는 일본사람이다.
Wǒ shì Rìběnrén.

日本人 Rìběnrén 명 일본사람

我**是**法国人。　나는 프랑스사람이다.
Wǒ shì Fǎguórén.

法国人 Fǎguórén 명 프랑스사람

我**是**越南人。　나는 베트남사람이다.
Wǒ shì Yuènánrén.

越南人 Yuènánrén 명 베트남사람

我**是**俄国人。　나는 러시아사람이다.
Wǒ shì Éguórén.

俄国人 Éguórén 명 러시아사람

▶ 다음 내용을 보고 중국어를 생각하며 말해보세요.

1 Wǒ shì Zhōngguórén. ➡ 나는 중국사람이다.

2 Wǒ shì Měiguórén. ➡ 나는 미국사람이다.

3 Wǒ shì Rìběnrén. ➡ 나는 일본사람이다.

4 Wǒ shì Fǎguórén. ➡ 나는 프랑스사람이다.

5 Wǒ shì Yuènánrén. ➡ 나는 베트남사람이다.

6 Wǒ shì Éguórén. ➡ 나는 러시아사람이다.

Plus 어휘

나라 欧洲 Ōuzhōu 명 유럽 | 亚洲 Yàzhōu 명 아시아 | 中东 Zhōngdōng 명 중동 | 非洲 Fēizhōu 명 아프리카 | 德国 Déguó 명 독일 | 马来西亚 Mǎláixīyà 명 말레이시아

▶ 다음 중국어에 맞게 성조를 표시하며 말해보세요.

1 我 是 中 国 人 。

2 我 是 美 国 人 。

3 我 是 日 本 人 。

4 我 是 法 国 人 。

5 我 是 越 南 人 。

6 我 是 俄 国 人 。

Plus 어휘

나라 新加坡 Xīnjiāpō 명 싱가폴 | 台湾 Táiwān 명 대만 | 香港 Xiānggǎng 명 홍콩 | 澳门 Àomén 명 마카오 | 印度尼西亚 Yìndùníxīyà 명 인도네시아 | 泰国 Tàiguó 명 태국 | 北韩 běi Hán 명 북한

05 有 / 没有

朋友　친구
péngyou

有朋友　친구가 있다
yǒu péngyou

我有朋友。　나는 친구가 있다.
Wǒ yǒu péngyou.

我没有朋友。　나는 친구가 없다.
Wǒ méi yǒu péngyou.

단어 朋友 péngyou 명 친구 | 有 yǒu 동 있다 | 我 wǒ 대 나, 저 | 没 méi 부 不의 과거

속사정

동사 **有**는 '있다'라는 뜻으로 주어가 목적어의 소유나 존재를 나타낼 때 쓰인다.
有의 부정은 부정부사 **不**를 쓰지않고, **不**의 과거 **没**(méi)로만 나타낼 수 있다는 것을
주의해야 한다.

속풀이

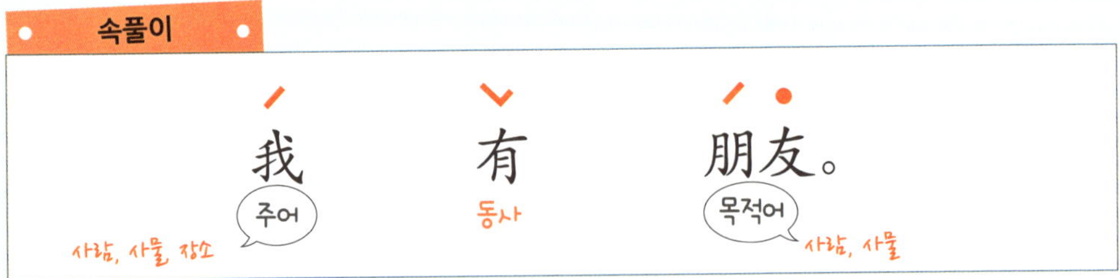

我**有**现金。　나는 현금이 있다.
Wǒ yǒu xiànjīn.

现金 xiànjīn 몡 현금

我**有**铅笔。　나는 연필이 있다.
Wǒ yǒu qiānbǐ.

铅笔 qiānbǐ 몡 연필

我**有**护照。　나는 여권이 있다.
Wǒ yǒu hùzhào.

护照 hùzhào 몡 여권

我**有**房子。　나는 방이 있다.
Wǒ yǒu fángzi.

房子 fángzi 몡 방

我**有**钱包。　나는 지갑이 있다.
Wǒ yǒu qiánbāo.

钱包 qiánbāo 몡 지갑

我**有**鼠标。　나는 마우스가 있다.
Wǒ yǒu shǔbiāo.

鼠标 shǔbiāo 몡 마우스

▶ 다음 내용을 보고 중국어를 생각하며 말해보세요.

1 Wǒ yǒu xiànjīn. ➡ 나는 현금이 있다.

2 Wǒ yǒu qiānbǐ. ➡ 나는 연필이 있다.

3 Wǒ yǒu hùzhào. ➡ 나는 여권이 있다.

4 Wǒ yǒu fángzi. ➡ 나는 방이 있다.

5 Wǒ yǒu qiánbāo. ➡ 나는 지갑이 있다.

6 Wǒ yǒu shǔbiāo. ➡ 나는 마우스가 있다.

Plus 어휘

가족 妈妈 māma 명 엄마 | 爸爸 bàba 명 아버지 | 姐姐 jiějie 명 언니, 누나 | 哥哥 gēge 명 형, 오빠 | 妹妹 mèimei 명 여동생 | 弟弟 dìdi 명 남동생

▶ 다음 중국어에 맞게 성조를 표시하며 말해보세요.

1 我 有 现 金 。

2 我 有 铅 笔 。

3 我 有 护 照 。

4 我 有 房 子 。

5 我 有 钱 包 。

6 我 有 鼠 标 。

Plus 어휘

가족 奶奶 nǎinai 몡 할머니 | 爷爷 yéye 몡 할아버지 | 外婆 wàipó 몡 외할머니 | 外公 wàigōng 몡 외할아버지 | 儿子 érzi 몡 아들 | 女儿 nǚ'ér 몡 딸 | 孙子 sūnzi 몡 손자 | 孙女 sūnnǚ 몡 손녀

06 在

办公室　사무실
bàngōngshì

在办公室　사무실에 있다
zài bàngōngshì

他在办公室。　그는 사무실에 있다.
Tā zài bàngōngshì.

他不在办公室。　그는 사무실에 없다.
Tā bú zài bàngōngshì.

단어 办公室 bàngōngshì 명 사무실 | 在 zài 동 ~에 있다 | 他 tā 대 그 | 不 bù 부 ~이 아니다

속사정

동사 在는 '~에 있다'라는 뜻으로 목적어가 장소로 쓰여 주어가 어디에 있는지를 나타낼 때 쓰인다. 부정은 부정부사 不를 在 앞에 쓴다.

속풀이

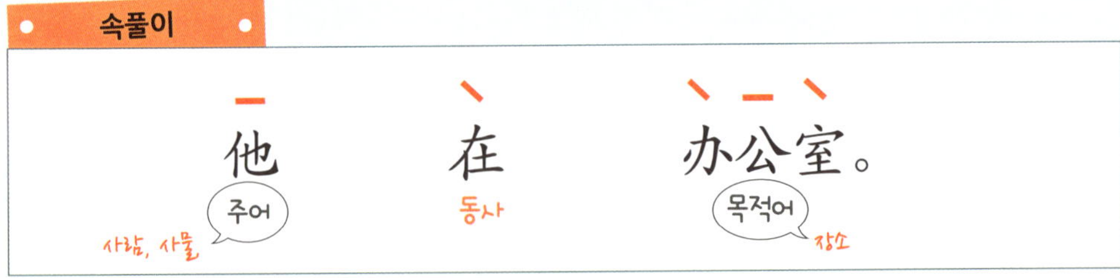

他**在**房间里。　그는 방 안에 있다.
Tā zài fángjiānli.

房间 fángjiān 몡 방, 집 | 里 lǐ 몡 안

他**在**电影院。　그는 영화관에 있다.
Tā zài diànyǐngyuàn.

电影院 diànyǐngyuàn 몡 영화관

他**在**食堂里。　그는 식당 안에 있다.
Tā zài shítángli.

食堂 shítáng 몡 식당

他**在**会议室。　그는 회의실에 있다.
Tā zài huìyìshì.

会议室 huìyìshì 몡 회의실

他**在**洗手间。　그는 화장실에 있다.
Tā zài xǐshǒujiān.

洗手间 xǐshǒujiān 몡 화장실

他**在**超市里。　그는 슈퍼 안에 있다.
Tā zài chāoshìli.

超市 chāoshì 몡 슈퍼

▶ 다음 내용을 보고 중국어를 생각하며 말해보세요.

1 Tā zài fángjiānli. ➡ 그는 방 안에 있다.

2 Tā zài diànyǐngyuàn. ➡ 그는 영화관에 있다.

3 Tā zài shítángli. ➡ 그는 식당 안에 있다.

4 Tā zài huìyìshì. ➡ 그는 회의실에 있다.

5 Tā zài xǐshǒujiān. ➡ 그는 화장실에 있다.

6 Tā zài chāoshìli. ➡ 그는 슈퍼 안에 있다.

Plus 어휘

장소 咖啡厅 kāfēitīng 몡 커피숍 | 餐厅 cāntīng 몡 식당 | 快餐厅 kuàicāntīng 몡 패스트푸드점 | 银行 yínháng 몡 은행 | 邮局 yóujú 몡 우체국 | 公司 gōngsī 몡 회사

▶ 다음 중국어에 맞게 성조를 표시하며 말해보세요.

1 他 在 房 间 里 。

2 他 在 电 影 院 。

3 他 在 食 堂 里 。

4 他 在 会 议 室 。

5 他 在 洗 手 间 。

6 他 在 超 市 里 。

Plus 어휘

장소 教室 jiàoshì 몡 교실 | 宿舍 sùshè 몡 숙소 | 操场 cāochǎng 몡 운동장 | 卫生间 wèishēngjiān 몡 화장실 | 酒店 jiǔdiàn 몡 호텔

1 다음 한자에 맞는 병음을 써 보세요.

❶ 中国人 ➡ _______________________

❷ 美国人 ➡ _______________________

❸ 日本人 ➡ _______________________

❹ 法国人 ➡ _______________________

❺ 越南人 ➡ _______________________

❻ 俄国人 ➡ _______________________

2 아래 문장에서 병음은 한자를 한자는 병음을 적으세요.

❶ 我是中国人。 ➡ _______________________

❷ Wǒ shì Éguórén. ➡ _______________________

❸ Wǒ yǒu fángzi. ➡ _______________________

❹ 他在电影院。 ➡ _______________________

3 다음 오른쪽에 있는 의미를 참고하여 빈칸에 알맞은 단어를 쓰세요.

❶ 我 ＿＿＿ 朋友。　　나는 친구가 있다.

❷ Wǒ ＿＿＿ qiánbāo.　我有钱包。

❸ 그는 사무실 ＿＿＿.　　Tā zài bàngōngshì.

❹ 他 ＿＿＿ 房间里。　　그는 방 안에 있다.

4 다음 한국어 문장을 중국어 문장으로 만들어 보세요.

❶ 나는 한국사람이다. ➡ ＿＿＿＿＿＿＿＿＿＿＿

❷ 나는 여권이 있다. ➡ ＿＿＿＿＿＿＿＿＿＿＿

❸ 그는 식당 안에 있다. ➡ ＿＿＿＿＿＿＿＿＿＿＿

❹ 그는 슈퍼 안에 있다. ➡ ＿＿＿＿＿＿＿＿＿＿＿

03장

주어의 행위와 심리를 나타내는 필수동사!

오다 来, 가다 去 / 듣다 听, 말하다 说 / 보다 看, 만나다 见 / 먹다 吃, 마시다 喝 / 쓰다 写, 배우다 学 / 하다 做, 타다 坐 / 사다 买, 팔다 卖 / 좋아하다 喜欢, 싫어하다 讨厌

학습방법 ●

1단계	필수동사의 의미와 종류를 먼저 익힌다.
2단계	유의어와 반의어끼리 연결하여 익힌다.
3단계	필수동사 뒤에 자주 오는 목적어를 익힌다.
4단계	학습한 필수동사를 실생활에 적용해본다.

07 来 / 去

오다 / 가다

来 **来学校** 학교에 온다
lái xuéxiào

他来学校。 그는 학교에 온다.
Tā lái xuéxiào.

去 **去中国** 중국에 간다
qù Zhōngguó

他去中国。 그는 중국에 간다.
Tā qù Zhōngguó.

단어 来 lái 통 오다 | 学校 xuéxiào 명 학교 | 他 tā 대 그 | 去 qù 통 가다
中国 Zhōngguó 명 중국

속사정

동사란 주어의 구체적인 동작이나 심리를 나타내는 품사이며, 주로 술어의 역할을 한다.
주어가 '가다', '오다'를 말할 때에는 동사 来, 去를 써서 주어의 동작을 나타낸다.
来, 去 동사 뒤에는 장소가 목적어로 온다.

속풀이

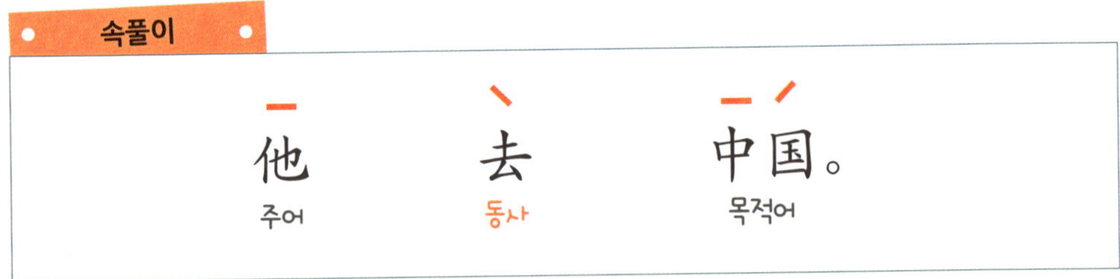

他**来**公司。 그는 회사에 온다.
Tā lái gōngsī.

公司 gōngsī 명 회사

他**来**我家。 그는 우리 집에 온다.
Tā lái wǒ jiā.

家 jiā 명 집

他**来**这儿。 그는 여기에 온다.
Tā lái zhèr.

这儿 zhèr 대 여기, 이곳

他**去**公园。 그는 공원에 간다.
Tā qù gōngyuán.

公园 gōngyuán 명 공원

他**去**酒吧。 그는 술집에 간다.
Tā qù jiǔbā.

酒吧 jiǔbā 명 술집

他**去**书店。 그는 서점에 간다.
Tā qù shūdiàn.

书店 shūdiàn 명 서점

▶ 다음 내용을 보고 중국어를 생각하며 말해보세요.

1 **Tā lái gōngsī.** ➡ 그는 회사에 온다.

2 **Tā lái wǒ jiā.** ➡ 그는 우리 집에 온다.

3 **Tā lái zhèr.** ➡ 그는 여기에 온다.

4 **Tā qù gōngyuán.** ➡ 그는 공원에 간다.

5 **Tā qù jiǔbā.** ➡ 그는 술집에 간다.

6 **Tā qù shūdiàn.** ➡ 그는 서점에 간다.

Plus 어휘

장소 火车站 huǒchēzhàn 몡 **기차역** | 地铁站 dìtiězhàn 몡 **지하철역** | 公共汽车站 gōnggòng qìchēzhàn 몡 **버스 정류장** | 机场 jīchǎng 몡 **공항**

성조 최강 복습

▶ 다음 중국어에 맞게 성조를 표시하며 말해보세요.

1 □□□□
　他 来 公 司 。

2 □□□□
　他 来 我 家 。

3 □□□□
　他 来 这 儿 。

4 □□□□
　他 去 公 园 。

5 □□□□
　他 去 酒 吧 。

6 □□□□
　他 去 书 店 。

Plus 어휘

장소 医院 yīyuàn 명 병원 | 动物园 dòngwùyuán 명 동물원 | 音乐厅 yīnyuètīng 명 콘서트 홀 | 剧场 jùchǎng 명 극장

08 听 / 说

듣다 / 말하다

听 ▶ **听音乐** 음악을 듣다
tīng yīnyuè

他听音乐。 그는 음악을 듣는다.
Tā tīng yīnyuè.

说 ▶ **说汉语** 중국어를 말한다
shuō Hànyǔ

他说汉语。 그는 중국어를 말한다.
Tā shuō Hànyǔ.

단어 **听** tīng 통 듣다 | **音乐** yīnyuè 명 음악 | **说** shuō 통 말하다 | **汉语** Hànyǔ 명 중국어

속사정

주어가 무엇인가를 들을 때에는 동사 **听**을, 말할 때에는 동사 **说**를 쓴다.
부정은 부정부사 不를 동사 **听**, **说** 앞에 쓴다.

속풀이

他	说	汉语。
주어	동사	목적어

他听广播。　그는 라디오 방송을 듣는다.
Tā tīng guǎngbō.

广播 guǎngbō 명 광고

他听墙根。　그는 남의 말을 엿듣는다.
Tā tīng qiánggēn.

墙根 qiánggēn 명 벽의 밑

他听演讲。　그는 강연을 듣는다.
Tā tīng yǎnjiǎng.

演讲 yǎnjiǎng 명 강연

他说英语。　그는 영어를 말한다.
Tā shuō Yīngyǔ.

英语 Yīngyǔ 명 영어

他说瞎话。　그는 거짓말을 말한다.
Tā shuō xiāhuà.

瞎话 xiāhuà 명 거짓말

他说直话。　그는 솔직하게 말한다.
Tā shuō zhíhuà.

直话 zhíhuà 명 솔직한 말, 바른 말

▶ 다음 내용을 보고 중국어를 생각하며 말해보세요.

1   Tā tīng guǎngbō. ➡ 그는 라디오 방송을 듣는다.

2   Tā tīng qiángēn. ➡ 그는 남의 말을 엿듣는다.

3   Tā tīng yǎnjiǎng. ➡ 그는 강연을 듣는다.

4   Tā shuō Yīngyǔ. ➡ 그는 영어를 말한다.

5   Tā shuō xiāhuà. ➡ 그는 거짓말을 말한다.

6   Tā shuō zhíhuà. ➡ 그는 솔직하게 말한다.

Plus 어휘

화폐   韩币 Hánbì 명 한화 | 美元 Měiyuán 명 달러 | 日元 Rìyuán 명 엔화 | 欧元 Ōuyuán 명 유로

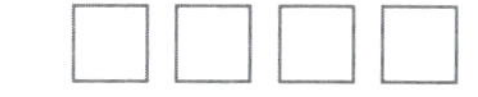

▶ 다음 중국어에 맞게 성조를 표시하며 말해보세요.

1 他听广播。

2 他听墙根。

3 他听演讲。

4 他说英语。

5 他说瞎话。

6 他说直话。

Plus 어휘

언어 | 日语 Rìyǔ 명 일본어 | 韩语 Hányǔ 명 한국어 | 德语 Déyǔ 명 독일어 | 法语 Fǎyǔ 명 프랑스어

09 看 / 见

보다 / 만나다

看 ▶ **看电视** 텔레비전을 본다
kàn diànshì

他看电视。 그는 텔레비전을 본다.
Tā kàn diànshì.

见 ▶ **见爱人** 부인을 만난다
jiàn àiren

他见爱人。 그는 부인을 만난다.
Tā jiàn àiren.

속사정

동사 看과 见은 '보다', '만나다'라는 뜻으로 주어가 무언가 보고, 누군가 만나는 것을 나타낼 때 쓰는 동사이다.
여기에서 见은 '만나다'라는 뜻 외에 무언가를 볼 때 '보다'라는 뜻으로도 쓰인다.
부정은 부정부사 不를 동사 看, 见 앞에 쓴다.

속풀이

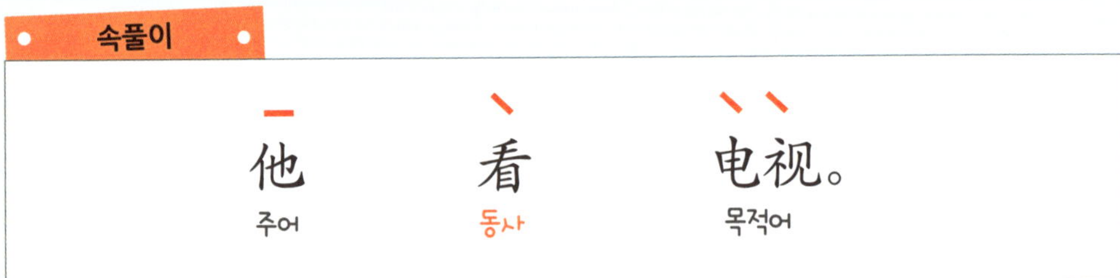

他**看**电影。 　그는 영화를 본다.
Tā kàn diànyǐng.

电影 diànyǐng 몡 영화

他**看**表演。 　그는 공연을 본다.
Tā kàn biǎoyǎn.

表演 biǎoyǎn 몡 공연

他**看**报纸。 　그는 신문을 본다.
Tā kàn bàozhǐ.

报纸 bàozhǐ 몡 신문

他**见**朋友。 　그는 친구를 만나다.
Tā jiàn péngyou.

朋友 péngyou 몡 친구

他**见**同事。 　그는 동료를 만난다.
Tā jiàn tóngshì.

同事 tóngshì 몡 (직장) 동료

他**见**演员。 　그는 배우를 만난다.
Tā jiàn yǎnyuán.

演员 yǎnyuán 몡 배우, 연기자

▶ 다음 내용을 보고 중국어를 생각하며 말해보세요.

1   Tā kàn diànyǐng.   ➡   그는 영화를 본다.

2   Tā kàn biǎoyǎn.   ➡   그는 공연을 본다.

3   Tā kàn bàozhǐ.   ➡   그는 신문을 본다.

4   Tā jiàn péngyou.   ➡   그는 친구를 만난다.

5   Tā jiàn tóngshì.   ➡   그는 동료를 만난다.

6   Tā jiàn yǎnyuán.   ➡   그는 배우를 만난다.

Plus 어휘

신문 女朋友 nǚpéngyou 명 여자친구 ㅣ 男朋友 nánpéngyou 명 남자친구 ㅣ 丈夫 zhàngfu 명 남편 ㅣ 顾客 gùkè 명 고객 ㅣ 面试官 miànshìguān 명 면접관

▶ 다음 중국어에 맞게 성조를 표시하며 말해보세요.

1 他看电影。

2 他看表演。

3 他看报纸。

4 他见朋友。

5 他见同事。

6 他见演员。

Plus 어휘

소지품　信用卡 xìnyòngkǎ 명 신용카드 | 笔记本电脑 bǐjìběn diànnǎo 명 노트북 | 手提包 shǒutíbāo 명 핸드백 | 化妆品 huàzhuāngpǐn 명 화장품 | 口红 kǒuhóng 명 립스틱 | 发粉 fàfěn 명 파우더

10 吃 / 喝

먹다 / 마시다

吃

吃米饭 쌀밥을 먹는다
chī mǐfàn

我吃米饭。 나는 쌀밥을 먹는다.
Wǒ chī mǐfàn.

喝

喝可乐 콜라를 마신다
hē kělè

我喝可乐。 나는 콜라를 마신다.
Wǒ hē kělè.

단어 **吃** chī 동 먹다 | **米饭** mǐfàn 명 쌀밥 | **我** wǒ 대 나 | **喝** hē 동 마시다 | **可乐** kělè 명 콜라

속사정

주어가 무엇을 '먹다'라는 것을 나타낼 때에는 동사 **吃**를, '마시다'라는 것을 나타낼 때에는 동사 **喝**를 쓴다. 부정은 부정부사 **不**를 동사 **吃**, **喝** 앞에 쓴다.

속풀이

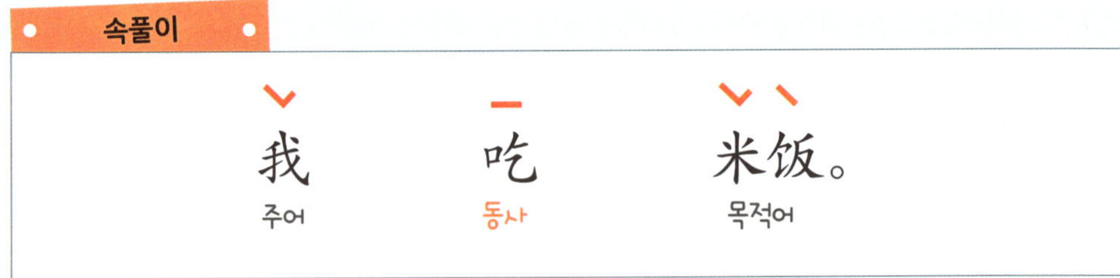

我**吃**面条。　나는 국수를 먹는다.
Wǒ chī miàntiáo.

面条 miàntiáo 몡 국수

我**吃**炒饭。　나는 볶음밥을 먹는다.
Wǒ chī chǎofàn.

炒饭 chǎofàn 몡 볶음밥

我**吃**点心。　나는 간식을 먹는다.
Wǒ chī diǎnxīn.

点心 diǎnxīn 몡 간식

我**喝**咖啡。　나는 커피를 마신다.
Wǒ hē kāfēi.

咖啡 kāfēi 몡 커피

我**喝**红茶。　나는 홍차를 마신다.
Wǒ hē hóngchá.

红茶 hóngchá 몡 홍차

我**喝**啤酒。　나는 맥주를 마신다.
Wǒ hē píjiǔ.

啤酒 píjiǔ 몡 맥주

▶ 다음 내용을 보고 중국어를 생각하며 말해보세요.

1 Wǒ chī miàntiáo. ➡ 나는 국수를 먹는다.

2 Wǒ chī chǎofàn. ➡ 나는 볶음밥을 먹는다.

3 Wǒ chī diǎnxīn. ➡ 나는 간식을 먹는다.

4 Wǒ hē kāfēi. ➡ 나는 커피를 마신다.

5 Wǒ hē hóngchá. ➡ 나는 홍차를 마신다.

6 Wǒ hē píjiǔ. ➡ 나는 맥주를 마신다.

Plus 어휘

차 绿茶 lǜchá 몡 녹차 | 乌龙茶 wūlóngchá 몡 우롱차 | 美式咖啡 měishì kāfēi 몡 아메리카노 | 拿铁咖啡 nátiě kāfēi 몡 까페라떼

▶ 다음 중국어에 맞게 성조를 표시하며 말해보세요.

1 □□□□
　我吃面条。

2 □□□□
　我吃炒饭。

3 □□□□
　我吃点心。

4 □□□□
　我喝咖啡。

5 □□□□
　我喝红茶。

6 □□□□
　我喝啤酒。

Plus 어휘

술 烧酒 shāojiǔ 명 소주 | 白酒 báijiǔ 명 바이주 | 葡萄酒 pútáojiǔ 명 와인 | 爆弹酒 bàodànjiǔ 명 폭탄주

11 写 / 学

写 **写汉字** 한자를 쓰다
xiě Hànzì

我写汉字。 나는 한자를 쓴다.
Wǒ xiě Hànzì.

学 **学外语** 외국어를 배우다
xué wàiyǔ

我学外语。 나는 외국어를 배운다.
Wǒ xué wàiyǔ.

단어 **写** xiě 동 쓰다 | **汉字** Hànzì 명 한자 | **我** wǒ 대 나 | **学** xué 동 배우다
外语 wàiyǔ 명 외국어

속사정

주어가 무엇인가를 '쓰다'라고 표현할 때에는 동사 **写**를 쓰며, 배우는 것을 말하고 싶을 때에는
'배우다'의 동사 **学**를 쓴다. **学**는 주로 학습하여 배우는 것을 나타낼 때 쓰인다.
부정은 부정부사 **不**를 동사 **写**와 **学** 앞에 쓴다.

속풀이

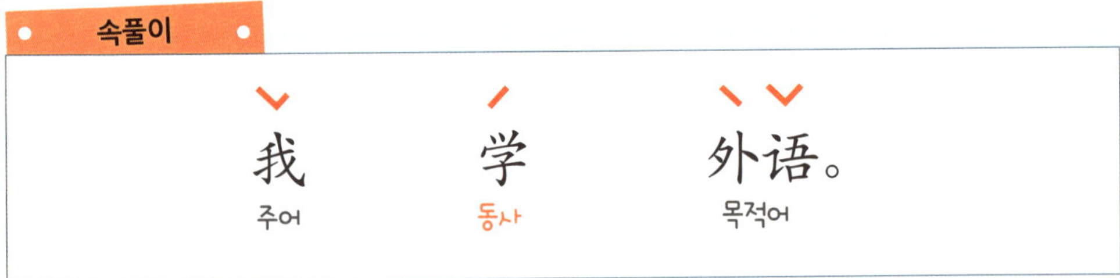

我**写**报告。　나는 보고서를 쓴다.
Wǒ xiě bàogào.

报告 bàogào 명 보고서

我**写**书法。　나는 서예를 쓴다.
Wǒ xiě shūfǎ.

书法 shūfǎ 명 서예

我**写**情书。　나는 연애편지를 쓴다.
Wǒ xiě qíngshū.

情书 qíngshū 명 연애편지

我**学**技术。　나는 기술을 배운다.
Wǒ xué jìshù.

技术 jìshù 명 기술

我**学**游泳。　나는 수영을 배운다.
Wǒ xué yóuyǒng.

游泳 yóuyǒng 명 수영

我**学**跳舞。　나는 춤을 배운다.
Wǒ xué tiàowǔ.

跳舞 tiàowǔ 명 춤

▶ 다음 내용을 보고 중국어를 생각하며 말해보세요.

1 Wǒ xiě bàogào. ➡ 나는 보고서를 쓴다.

2 Wǒ xiě shūfǎ. ➡ 나는 서예를 쓴다.

3 Wǒ xiě qíngshū. ➡ 나는 연애편지를 쓴다.

4 Wǒ xué jìshù. ➡ 나는 기술을 배운다.

5 Wǒ xué yóuyǒng. ➡ 나는 수영을 배운다.

6 Wǒ xué tiàowǔ. ➡ 나는 춤을 배운다.

Plus 어휘

명사 作文 zuòwén 명 작문 | 日记 rìjì 명 일기 | 小说 xiǎoshuō 명 소설 | 台本 táiběn 명 대본 | 书 shū 명 책

▶ 다음 중국어에 맞게 성조를 표시하며 말해보세요.

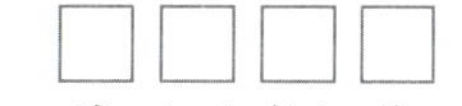

1 我写报告。

2 我写书法。

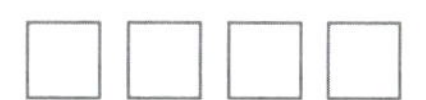

3 我写情书。

4 我学技术。

5 我学游泳。

6 我学跳舞。

Plus 어휘

명사 | 音乐 yīnyuè 명 음악 | 京剧 jīngjù 명 경극 | 录音 lùyīn 명 녹음 | 歌 gē 명 노래 | 课 kè 명 수업

12 做 / 坐

做 ▶ **做早饭** 아침 밥을 만들다
zuò zǎofàn

她做早饭。 그녀는 아침 밥을 만든다.
Tā zuò zǎofàn.

坐 ▶ **坐汽车** 자동차를 타다
zuò qìchē

她坐汽车。 그녀는 자동차를 탄다.
Tā zuò qìchē.

단어 | **做** zuò 통 하다, 만들다 | **早饭** zǎofàn 명 아침 밥 | **她** tā 대 그녀 | **坐** zuò 통 타다 | **汽车** qìchē 명 자동차

속사정

동사 **做**는 '하다', '만들다'라는 뜻으로 주어가 어떠한 동작을 하는 것을 나타낼 때 가장 많이 쓰이며, **坐**는 '타다'라는 뜻으로 버스, 지하철 등 교통수단을 탈 때 쓰인다. **坐**는 '타다' 외에 '앉다'라는 뜻으로도 자주 쓰인다. 부정은 부정부사 **不**를 **做**와 **坐** 앞에 쓴다.

속풀이

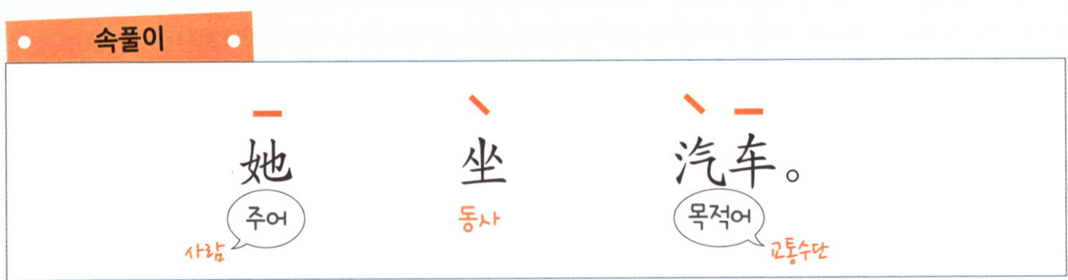

她做生意。 그녀는 사업을 한다.
Tā zuò shēngyi.

生意 shēngyi 몡 사업, 장사

她做作业。 그녀는 숙제를 한다.
Tā zuò zuòyè.

作业 zuòyè 몡 숙제

她做衣服。 그녀는 옷을 만든다.
Tā zuò yīfu.

衣服 yīfu 몡 옷

她坐飞机。 그녀는 비행기를 탄다.
Tā zuò fēijī.

飞机 fēijī 몡 비행기

她坐地铁。 그녀는 지하철을 탄다.
Tā zuò dìtiě.

地铁 dìtiě 몡 지하철

她坐火车。 그녀는 기차를 탄다.
Tā zuò huǒchē.

火车 huǒchē 몡 기차

▶ 다음 내용을 보고 중국어를 생각하며 말해보세요.

1 Tā zuò shēngyi. ➡ 그녀는 사업을 한다.

2 Tā zuò zuòyè. ➡ 그녀는 숙제를 한다.

3 Tā zuò yīfu. ➡ 그녀는 옷을 만든다.

4 Tā zuò fēijī. ➡ 그녀는 비행기를 탄다.

5 Tā zuò dìtiě. ➡ 그녀는 지하철을 탄다.

6 Tā zuò huǒchē. ➡ 그녀는 기차를 탄다.

Plus 어휘

교통수단 公共汽车 gōnggòng qìchē 몡 버스 | 自行车 zìxíngchē 몡 자전거 | 摩托车 mótuōchē 몡 오토바이 |
船 chuán 몡 배 | 出租车 chūzūchē 몡 택시

▶ 다음 중국어에 맞게 성조를 표시하며 말해보세요.

1 她做生意。

2 她做作业。

3 她做衣服。

4 她坐飞机。

5 她坐地铁。

6 她坐火车。

Plus 어휘

교통수단 高速铁路 gāosù tiělù 몡 고속철도 | 国内航班 guónèi hángbān 몡 국내선 | 国际航班 guójì hángbān 몡 국제선

13 买 / 卖

买 ▶ **买手机** 휴대전화를 사다
mǎi shǒujī

她买手机。 그녀는 휴대전화를 산다.
Tā mǎi shǒujī.

卖 ▶ **卖水果** 과일을 팔다
mài shuǐguǒ

她卖水果。 그녀는 과일을 판다.
Tā mài shuǐguǒ.

단어 买 mǎi 동 사다 | **手机** shǒujī 명 휴대전화 | **她** tā 대 그녀 | **卖** mài 동 팔다
水果 shuǐguǒ 명 과일

속사정

어떠한 물건이나 사물을 사고 팔 때에는 '사다'의 **买**를 '팔다'의 **卖** 동사를 쓴다.
买와 **卖**는 서로 반의어로, **买卖**는 '매매', '장사', '사고 팔다'의 의미를 나타낸다.
부정은 부정부사 **不**를 **买**와 **卖** 앞에 쓴다.

속풀이

她	买	手机。
주어	동사	목적어

她买饭菜。 그녀는 반찬을 산다.
Tā mǎi fàncài.

饭菜 fàncài 명 반찬

她买东西。 그녀는 물건을 산다.
Tā mǎi dōngxi.

东西 dōngxi 명 물건

她买项链。 그녀는 목걸이를 산다.
Tā mǎi xiàngliàn.

项链 xiàngliàn 명 목걸이

她卖袜子。 그녀는 양말을 판다.
Tā mài wàzi.

袜子 wàzi 명 양말

她卖帽子。 그녀는 모자를 판다.
Tā mài màozi.

帽子 màozi 명 모자

她卖手表。 그녀는 손목시계를 판다.
Tā mài shǒubiǎo.

手表 shǒubiǎo 명 손목시계

▶ 다음 내용을 보고 중국어를 생각하며 말해보세요.

1   **Tā mǎi fàncài.** ➡ 그녀는 반찬을 산다.

2   **Tā mǎi dōngxi.** ➡ 그녀는 물건을 산다.

3   **Tā mǎi xiàngliàn.** ➡ 그녀는 목걸이를 산다.

4   **Tā mài wàzi.** ➡ 그녀는 양말을 판다.

5   **Tā mài màozi.** ➡ 그녀는 모자를 판다.

6   **Tā mài shǒubiǎo.** ➡ 그녀는 손목시계를 판다.

Plus 어휘

과일   香蕉 xiāngjiāo 명 바나나 | 草莓 cǎoméi 명 딸기 | 苹果 píngguǒ 명 사과 | 葡萄 pútáo 명 포도 | 西红柿 xīhóngshì 명 토마토 | 橘子 júzi 명 귤

▶ 다음 중국어에 맞게 성조를 표시하며 말해보세요.

1 她买饭菜。

2 她买东西。

3 她买项链。

4 她卖袜子。

5 她卖帽子。

6 她卖手表。

Plus 어휘

과일 西瓜 xīguā 명 수박 | 梨 lí 명 배 | 橙子 chéngzi 명 오렌지 | 桃子 táozi 명 복숭아 | 柿子 shìzi 명 감

14 喜欢 / 讨厌

喜欢

喜欢面包　빵을 좋아하다
xǐhuan miànbāo

他喜欢面包。　그는 빵을 좋아한다.
Tā xǐhuan miànbāo.

讨厌

讨厌牛肉　소고기를 싫어하다
tǎoyàn niúròu

他讨厌牛肉。　그는 소고기를 싫어한다.
Tā tǎoyàn niúròu.

단어 喜欢 xǐhuan 동 좋아하다 | 面包 miànbāo 명 빵 | 他 tā 대 그 | 讨厌 tǎoyàn 동 싫어하다
牛肉 niúròu 명 소고기

속사정

喜欢은 '좋아하다', 讨厌은 '싫어하다'의 의미로 주어의 심리를 나타내고자 할 때 쓰이는
동사이며 서로 반의어이다.
부정은 부정부사 不를 喜欢과 讨厌 앞에 쓴다.

속풀이

他	喜欢	面包。
주어	동사	목적어

他**喜欢**棒球。　그는 야구를 좋아한다.
Tā xǐhuan bàngqiú.

棒球 bàngqiú 명 야구

他**喜欢**海边。　그는 해변을 좋아한다.
Tā xǐhuan hǎibiān.

海边 hǎibiān 명 해변

他**喜欢**婴儿。　그는 갓난아기를 좋아한다.
Tā xǐhuan yīng'ér.

婴儿 yīng'ér 명 갓난아기

他**讨厌**动物。　그는 동물을 싫어한다.
Tā tǎoyàn dòngwù.

动物 dòngwù 명 동물

他**讨厌**运动。　그는 운동을 싫어한다.
Tā tǎoyàn yùndòng.

运动 yùndòng 명 운동

他**讨厌**虫子。　그는 벌레를 싫어한다.
Tā tǎoyàn chóngzi.

虫子 chóngzi 명 벌레

▶ 다음 내용을 보고 중국어를 생각하며 말해보세요.

1   Tā xǐhuan bàngqiú. ➡ 그는 야구를 좋아한다.

2   Tā xǐhuan hǎibiān. ➡ 그는 해변을 좋아한다.

3   Tā xǐhuan yīng'ér. ➡ 그는 갓난아기를 좋아한다.

4   Tā tǎoyàn dòngwù. ➡ 그는 동물을 싫어한다.

5   Tā tǎoyàn yùndòng. ➡ 그는 운동을 싫어한다.

6   Tā tǎoyàn chóngzi. ➡ 그는 벌레를 싫어한다.

Plus 어휘

동물 宠物 chǒngwù 명 애완동물 | 狗 gǒu 명 개 | 猫 māo 명 고양이 | 牛 niú 명 소 | 马 mǎ 명 말 | 猪 zhū 명 돼지 | 鸡 jī 명 닭

▶ 다음 중국어에 맞게 성조를 표시하며 말해보세요.

1 他 喜 欢 棒 球 。

2 他 喜 欢 海 边 。

3 他 喜 欢 婴 儿 。

4 他 讨 厌 动 物 。

5 他 讨 厌 运 动 。

6 他 讨 厌 虫 子 。

Plus 어휘

동물 鸟 niǎo 명 새 ┃ 鸽子 gēzi 명 비둘기 ┃ 鸭子 yāzi 명 오리 ┃ 老鼠 lǎoshǔ 명 쥐 ┃ 蛇 shé 명 뱀 ┃ 老虎 lǎohǔ 명 호랑이 ┃ 狮子 shīzi 명 사자 ┃ 龙 lóng 명 용

1 다음 한자에 맞는 병음을 써 보세요.

❶ 酒吧 ➡ _______________________

❷ 英语 ➡ _______________________

❸ 报纸 ➡ _______________________

❹ 朋友 ➡ _______________________

❺ 游泳 ➡ _______________________

❻ 东西 ➡ _______________________

2 아래 문장에서 병음은 한자를 한자는 병음을 적으세요.

❶ 他去公园。 ➡ _______________________

❷ Tā tīng guǎngbō. ➡ _______________________

❸ Wǒ chī miàntiáo. ➡ _______________________

❹ 我学技术。 ➡ _______________________

답안 1. ① jiǔbā ② Yīngyǔ ③ bàozhǐ ④ péngyou ⑤ yóuyǒng ⑥ dōngxi
2. ① Tā qù gōngyuán. ② 他听广播。 ③ 我吃面条。 ④ Wǒ xué jìshù.

3 다음 오른쪽에 있는 의미를 참고하여 빈칸에 알맞은 단어를 쓰세요.

❶ 他 　　　　 公司。　　　그가 회사에 온다.

❷ Wǒ 　　　　 kāfēi.　　　我喝咖啡。

❸ 나는 보고서를 　　　　.　　　Wǒ xiě bàogào.

❹ 他 　　　　 棒球。　　　그는 야구를 좋아한다.

4 다음 한국어 문장을 중국어 문장으로 만들어 보세요.

❶ 그가 우리 집에 온다. ➡ ＿＿＿＿＿＿＿＿＿＿

❷ 나는 맥주를 마신다. ➡ ＿＿＿＿＿＿＿＿＿＿

❸ 그녀는 사업을 한다. ➡ ＿＿＿＿＿＿＿＿＿＿

❹ 그녀는 지하철을 탄다. ➡ ＿＿＿＿＿＿＿＿＿＿

답안 3. ① 来　② hē　③ 쓴다　④ 喜欢
　　　 4. ① 他来我家。② 我喝啤酒。③ 她做生意。④ 她坐地铁。

04장

목적어와 인연이 없는 형용사!

좋다 好, 나쁘다 坏 / 비싸다 贵, 싸다 便宜 / 어렵다 难, 쉽다 容易 / 크다 大, 많다 多 / 길다 长, 높다 高 / 빠르다 快, 느리다 慢 / 기쁘다 高兴

학습방법 ●

1단계 형용사의 의미를 익힌다.

2단계 형용사의 위치를 익힌다.

3단계 실생활에 자주 쓰이는 형용사의 종류를 익힌다.

4단계 서로 상반되는 의미의 형용사끼리 익힌다.

15 好 / 坏

好 ▶ **很好** 매우 좋다
hěn hǎo

身体很好。 건강이 매우 좋다.
Shēntǐ hěn hǎo.

坏 ▶ **坏了** 고장 났다
huài le

电脑坏了。 컴퓨터가 고장 났다.
Diànnǎo huài le.

단어 很 hěn 〔부〕 매우, 정말 | 好 hǎo 〔형〕 좋다 | 身体 shēntǐ 〔명〕 건강, 몸
坏 huài 〔형〕 고장나다, 나쁘다 | 了 le 〔조〕 문장 끝에 쓰여 상태의 변화를 나타냄
电脑 diànnǎo 〔명〕 컴퓨터

속사정

형용사란 주어의 성질과 상태를 묘사해주는 품사이며, 술어의 역할을 주로 한다.
또한 형용사 술어 앞에는 **很, 非常**과 같은 부사가 함께 쓰여 형용사를 수식한다.
주어의 좋고 나쁨을 묘사할 때에는 형용사 **好, 坏**를 쓴다. **坏**는 '나쁘다'는 뜻 외에도 '고장나다',
'상하다'라는 뜻으로도 자주 쓰이는데, 이때 문장 끝에 **了**가 자주 온다.
부정은 부정부사 **不**를 **好, 坏** 앞에 쓴다.

속풀이

깡그리 문장패턴

关系很**好**。 관계가 정말 좋다.
Guānxi hěn hǎo.

关系 guānxi 명 관계

结果很**好**。 결과가 매우 좋다.
Jiéguǒ hěn hǎo.

结果 jiéguǒ 명 결과

天气很**好**。 날씨가 정말 좋다.
Tiānqì hěn hǎo.

天气 tiānqì 명 날씨

水果**坏**了。 과일이 상했다.
Shuǐguǒ huài le.

水果 shuǐguǒ 명 과일

眼镜**坏**了。 안경이 고장 났다.
Yǎnjìng huài le.

眼镜 yǎnjìng 명 안경

电梯**坏**了。 엘리베이터가 고장 났다.
Diàntī huài le.

电梯 diàntī 명 엘리베이터

▶ 다음 내용을 보고 중국어를 생각하며 말해보세요.

1 Guānxi hěn hǎo. ➡ 관계가 정말 좋다.

2 Jiéguǒ hěn hǎo. ➡ 결과가 매우 좋다.

3 Tiānqì hěn hǎo. ➡ 날씨가 정말 좋다.

4 Shuǐguǒ huài le. ➡ 과일이 상했다.

5 Yǎnjìng huài le. ➡ 안경이 고장 났다.

6 Diàntī huài le. ➡ 엘리베이터가 고장 났다.

Plus 어휘

계절 春天 chūntiān 명 봄 | 夏天 xiàtiān 명 **여름** | 秋天 qiūtiān 명 가을 | 冬天 dōngtiān 명 겨울 | 四季 sìjì 명 사계절

▶ 다음 중국어에 맞게 성조를 표시하며 말해보세요.

1 关系很好。

2 结果很好。

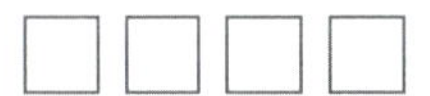

3 天气很好。

4 水果坏了。

5 眼镜坏了。

6 电梯坏了。

Plus 어휘

날씨 暖和 nuǎnhuo 형 따뜻하다 | 凉快 liángkuai 형 시원하다 | 冷 lěng 형 춥다 | 热 rè 형 덥다 | 阴 yīn 형 흐리다 | 晴 qíng 형 맑다 | 刮风 guāfēng 동 바람이 불다 | 下雨 xiàyǔ 동 비가 내리다 | 下雪 xiàxuě 동 눈이 내리다

16 贵 / 便宜

비싸다 / 싸다

贵 ▶ **很贵** 매우 비싸다
hěn guì

这个东西很贵。 이 물건은 매우 비싸다.
Zhè ge dōngxi hěn guì.

便宜 ▶ **很便宜** 매우 싸다
hěn piányi

圆珠笔很便宜。 볼펜이 매우 싸다.
Yuánzhūbǐ hěn piányi.

단어 很 hěn 男 매우 | 贵 guì 형 비싸다 | 这 zhè 대 이, 이것 | 个 gè 양 개(물건을 세는 양사)
东西 dōngxi 명 물건 | 便宜 piányi 형 싸다 | 圆珠笔 yuánzhūbǐ 명 볼펜

속사정

가격이 싸고, 비쌈을 묘사할 때에는 형용사 贵, 便宜를 쓴다.
贵는 '비싸다', 便宜는 '싸다'이며, 부정은 부정부사 不를 贵와 便宜 앞에 쓴다.

속풀이

这个东西　　很　　贵。
주어　　　　부사　　형용사

94

办公用品很**贵**。　사무용품이 정말 비싸다.
Bàngōng yòngpǐn hěn guì.

办公用品 bàngōng yòngpǐn 명 사무용품

平板电脑很**贵**。　태블릿 PC가 정말 비싸다.
Píngbǎn diànnǎo hěn guì.

平板电脑 píngbǎn diànnǎo 명 태블릿 PC

智能手机很**贵**。　스마트 휴대전화가 정말 비싸다.
Zhìnéng shǒujī hěn guì.

智能手机 zhìnéng shǒujī 명 스마트 휴대전화

中国菜很**便宜**。　중국요리는 정말 싸다.
Zhōngguó cài hěn piányi.

菜 cài 명 요리

这本书很**便宜**。　이 책은 정말 싸다.
Zhè běn shū hěn piányi.

本 běn 양 권(책을 세는 양사) | 书 shū 명 책

玫瑰花很**便宜**。　장미가 정말 싸다.
Méiguīhuā hěn piányi.

玫瑰花 méiguīhuā 명 장미

▶ 다음 내용을 보고 중국어를 생각하며 말해보세요.

1   Bàngōng yòngpǐn hěn guì. ➡ 사무용품이 정말 비싸다.

2   Píngbǎn diànnǎo hěn guì. ➡ 태블릿 PC가 정말 비싸다.

3   Zhìnéng shǒujī hěn guì. ➡ 스마트 휴대전화가 정말 비싸다.

4   Zhōngguó cài hěn piányi. ➡ 중국요리는 정말 싸다.

5   Zhè běn shū hěn piányi. ➡ 이 책은 정말 싸다.

6   Méiguīhuā hěn piányi. ➡ 장미가 정말 싸다.

Plus 어휘

악세사리 戒指 jièzhi 명 반지 | 耳环 ěrhuán 명 귀고리 | 手串 shǒuchuàn 명 팔찌 | 头带 tóudài 명 머리띠

▶ 다음 중국어에 맞게 성조를 표시하며 말해보세요.

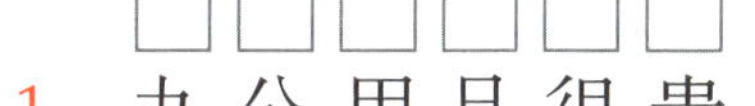

1　办 公 用 品 很 贵。

2　平 板 电 脑 很 贵。

3　智 能 手 机 很 贵。

4　中 国 菜 很 便 宜。

5　这 本 书 很 便 宜。

6　玫 瑰 花 很 便 宜。

Plus 어휘

사물 　手表 shǒubiǎo 명 손목시계 ｜ 闹钟 nàozhōng 명 자명종 ｜ 花篮 huālán 명 꽃바구니

17 难 / 容易

难 非常难　매우 어렵다
fēicháng nán

面试非常难。　면접은 매우 어렵다.
Miànshì fēicháng nán.

容易 很容易　매우 쉽다
hěn róngyì

开车很容易。　운전은 매우 쉽다.
Kāichē hěn róngyì.

단어 非常 fēicháng 퇴 매우 | 难 nán 형 어렵다 | 面试 miànshì 명 면접 | 很 hěn 퇴 매우
容易 róngyì 형 쉽다 | 开车 kāichē 동 운전하다

속사정

형용사 难은 '어렵다', 容易는 '쉽다'의 의미이며, 부정은 부정부사 不를 难과 容易 앞에 쓴다.

속풀이

깡그리 문장패턴

赚钱非常**难**。　돈을 버는 것은 매우 어렵다.
Zhuànqián fēicháng nán.

赚钱 zhuànqián 동 돈을 벌다

戒烟非常**难**。　금연은 정말 힘들다.
Jièyān fēicháng nán.

戒烟 jièyān 동 금연을 하다

减肥非常**难**。　다이어트는 매우 어렵다.
Jiǎnféi fēicháng nán.

减肥 jiǎnféi 동 다이어트하다

打字很**容易**。　타자를 치는 것은 정말 쉽다.
Dǎzì hěn róngyì.

打字 dǎzì 동 타자를 치다

游泳很**容易**。　수영은 매우 쉽다.
Yóuyǒng hěn róngyì.

游泳 yóuyǒng 명 동 수영(하다)

恋爱很**容易**。　연애는 정말 쉽다.
Liàn'ài hěn róngyì.

恋爱 liàn'ài 명 연애

▶ 다음 내용을 보고 중국어를 생각하며 말해보세요.

1   Zhuànqián fēicháng nán.   ➡   돈을 버는 것은 매우 어렵다.

2   Jièyān fēicháng nán.   ➡   금연은 정말 힘들다.

3   Jiǎnféi fēicháng nán.   ➡   다이어트는 매우 어렵다.

4   Dǎzì hěn róngyì.   ➡   타자를 치는 것은 정말 쉽다.

5   Yóuyǒng hěn róngyì.   ➡   수영은 매우 쉽다.

6   Liàn'ài hěn róngyì.   ➡   연애는 정말 쉽다.

Plus 어휘

관광지 颐和园 Yíhéyuán 명 이화원 | 故宫 Gùgōng 명 고궁 | 南山 Nánshān 명 남산 | 景福宫 Jǐngfúgōng 명 경복궁 | 光化门 Guānghuàmén 명 광화문

▶ 다음 중국어에 맞게 성조를 표시하며 말해보세요.

1 赚钱非常难。

2 戒烟非常难。

3 减肥非常难。

4 打字很容易。

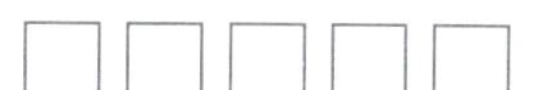

5 游泳很容易。

6 恋爱很容易。

Plus 어휘

휴양지 湖 hú 명 호수 | 儿童乐园 értóng lèyuán 명 어린이 놀이동산 | 游泳场 yóuyǒngchǎng 명 수영장 | 温泉 wēnquán 명 온천

18 大 / 多

크다 / 많다

大 ▸ **太大** 너무 크다
tài dà

公司太大。 회사가 너무 크다.
Gōngsī tài dà.

多 ▸ **太多** 너무 많다
tài duō

职员太多。 직원이 너무 많다.
Zhíyuán tài duō.

단어 太 tài 〔부〕 너무 | 大 dà 〔형〕 크다 | 公司 gōngsī 〔명〕 회사 | 多 duō 〔형〕 많다
职员 zhíyuán 〔명〕 직원

속사정

형용사 **大**는 '크다'라는 의미로 사람이나 사물의 크기가 클 때 쓰이고, 나이가 많음을 나타낼 때에도 쓴다. **大**의 반의어는 '작다' 小(xiǎo)이다.
형용사 **多**는 '많다'의 의미이며, 사람이나 사물의 양이 많음을 나타낼 때 쓰며, 반의어는 '적다' 少(shǎo)이다.
부정은 부정부사 **不**를 **大**와 **多** 앞에 쓴다.

속풀이

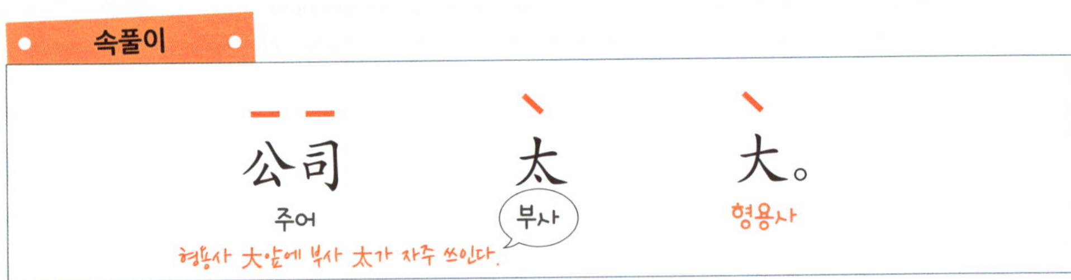

房间太**大**。 집이 너무 크다.
Fángjiān tài dà.

房间 fángjiān 동 집, 방

公园太**大**。 공원이 너무 크다.
Gōngyuán tài dà.

公园 gōngyuán 동 공원

年龄太**大**。 나이가 너무 많다.
Niánlíng tài dà.

年龄 niánlíng 동 나이

宠物太**多**。 애완동물이 너무 많다.
Chǒngwù tài duō.

宠物 chǒngwù 명 애완동물

灰尘太**多**。 먼지가 너무 많다.
Huīchén tài duō.

灰尘 huīchén 명 먼지

游客太**多**。 여행객이 너무 많다.
Yóukè tài duō.

游客 yóukè 명 여행객

▶ 다음 내용을 보고 중국어를 생각하며 말해보세요.

1   Fángjiān tài dà. ➡ 집이 너무 크다.

2   Gōngyuán tài dà. ➡ 공원이 너무 크다.

3   Niánlíng tài dà. ➡ 나이가 너무 많다.

4   Chǒngwù tài duō. ➡ 애완동물이 너무 많다.

5   Huīchén tài duō. ➡ 먼지가 너무 많다.

6   Yóukè tài duō. ➡ 여행객이 너무 많다.

Plus 어휘

회사 上班 shàngbān 동 출근하다 | 下班 xiàbān 동 퇴근하다 | 打卡 dǎkǎ 출퇴근 카드 | 迟到 chídào 동 지각하다 | 周5日制 zhōu wǔ rì zhì 주 5일제

▶ 다음 중국어에 맞게 성조를 표시하며 말해보세요.

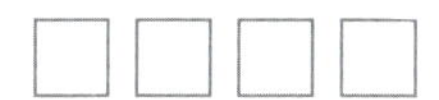

1 房间太大。

2 公园太大。

3 年龄太大。

4 宠物太多。

5 灰尘太多。

6 游客太多。

Plus 어휘

회사 | 董事长 dǒngshìzhǎng 명 회장 | 代表 dàibiǎo 명 대표 | 秘书 mìshū 명 비서 | 部长 bùzhǎng 명 부장 |
科长 kēzhǎng 명 과장 | 职员 zhíyuán 명 사원

19 长 / 高

길다 / 높다

长 ▶ **很长** 매우 길다
hěn cháng

长城很长。 만리장성이 매우 길다.
Chángchéng hěn cháng.

高 ▶ **很高** 매우 높다
hěn gāo

个子很高。 키가 매우 크다.
Gèzi hěn gāo.

단어 很 hěn 뿐 매우 | 长 cháng 혱 길다 | 长城 Chángchéng 몡 만리장성 | 高 gāo 혱 높다
个子 gèzi 몡 키

속사정

형용사 **长**은 '길다'는 의미로 사물의 길이를 나타낼 때 쓰이는데, **zhǎng**의 발음으로 '자라다', '성장하다'라는 의미로도 자주 쓰인다. **长**의 반의어는 '짧다'의 **短**(duǎn)이다.
형용사 **高**는 '높다'의 의미로 사물이 높거나 품질, 수준이 높은 것을 나타낼 때 쓰이며, 반의어는 '작다', '낮다'의 **矮**(ǎi)이다.
부정은 부정부사 **不**를 **长**과 **高** 앞에 쓴다.

속풀이

头发很长。　머리카락이 매우 길다.
Tóufa hěn cháng.

头发 tóufa 몡 머리카락

火车很长。　기차가 매우 길다.
Huǒchē hěn cháng.

火车 huǒchē 몡 기차

假期很长。　휴가가 매우 길다.
Jiàqī hěn cháng.

假期 jiàqī 몡 휴가

气温很高。　기온이 매우 높다.
Qìwēn hěn gāo.

气温 qìwēn 몡 기온

条件很高。　조건이 매우 높다.
Tiáojiàn hěn gāo.

条件 tiáojiàn 몡 조건

物价很高。　물가가 매우 높다.
Wùjià hěn gāo.

物价 wùjià 몡 물가

▶ 다음 내용을 보고 중국어를 생각하며 말해보세요.

1 Tóufa hěn cháng. ➡ 머리카락이 매우 길다.

2 Huǒchē hěn cháng. ➡ 기차가 매우 길다.

3 Jiàqī hěn cháng. ➡ 휴가가 매우 길다.

4 Qìwēn hěn gāo. ➡ 기온이 매우 높다.

5 Tiáojiàn hěn gāo. ➡ 조건이 매우 높다.

6 Wùjià hěn gāo. ➡ 물가가 매우 높다.

Plus 어휘

요일 星期一 xīngqīyī 몡 월요일 | 星期二 xīngqī'èr 몡 화요일 | 星期三 xīngqīsān 몡 수요일 | 星期四 xīngqīsì 몡 목요일 | 星期五 xīngqīwǔ 몡 금요일 | 星期六 xīngqīliù 몡 토요일 | 星期日 xīngqīrì 몡 일요일 | 星期天 xīngqītiān 몡 일요일

▶ 다음 중국어에 맞게 성조를 표시하며 말해보세요.

1 头发很长。

2 火车很长。

3 假期很长。

4 气温很高。

5 条件很高。

6 物价很高。

Plus 어휘

날짜 年 nián 명 년 | 月 yuè 명 월 | 号 hào 명 일 | 日 rì 명 일 | 月初 yuèchū 명 월초 | 月中 yuèzhōng 명 중순 | 月底 yuèdǐ 명 월말

快 / 慢

빠르다 / 느리다

快 ▶ **很快** 매우 빠르다
hěn kuài

飞机很快。 비행기가 매우 빠르다.
Fēijī hěn kuài.

慢 ▶ **很慢** 매우 느리다
hěn màn

发展很慢。 발전이 매우 느리다.
Fāzhǎn hěn màn.

단어 很 hěn 뷘 매우 | 快 kuài 혱 빠르다 | 飞机 fēijī 몡 비행기 | 慢 màn 혱 느리다
发展 fāzhǎn 몡 발전

속사정

동작이나 속도가 빠르고 느림을 나타내고자 할 때, 형용사 '빠르다'라는 의미의 **快**를 '느리다'라는
의미의 **慢**을 쓴다.
부정은 부정부사 **不**를 **快**와 **慢** 앞에 쓴다.
★ 시간이 이르거나 늦음을 나타낼 때는 '이르다'의 **早(zǎo)**와 '느리다'의 **晚(wǎn)**을 쓴다.

속풀이

飞机	很	快。
주어	부사	형용사

兔子很**快**。 토끼가 매우 빠르다.
Tùzi hěn kuài.

兔子 tùzi 명 토끼

速度很**快**。 속도가 매우 빠르다.
Sùdù hěn kuài.

速度 sùdù 명 속도

时间很**快**。 시간이 매우 빠르다.
Shíjiān hěn kuài.

时间 shíjiān 명 시간

地铁很**慢**。 지하철이 매우 느리다.
Dìtiě hěn màn.

地铁 dìtiě 명 지하철

网速很**慢**。 인터넷 속도가 매우 느리다.
Wǎngsù hěn màn.

网速 wǎngsù 명 인터넷 속도

反应很**慢**。 반응이 매우 느리다.
Fǎnyìng hěn màn.

反应 fǎnyìng 명 반응

▶ 다음 내용을 보고 중국어를 생각하며 말해보세요.

1 Tùzi hěn kuài. ➡ 토끼가 매우 빠르다.

2 Sùdù hěn kuài. ➡ 속도가 매우 빠르다.

3 Shíjiān hěn kuài. ➡ 시간이 매우 빠르다.

4 Dìtiě hěn màn. ➡ 지하철이 매우 느리다.

5 Wǎngsù hěn màn. ➡ 인터넷 속도가 매우 느리다.

6 Fǎnyìng hěn màn. ➡ 반응이 매우 느리다.

Plus 어휘

시간 点 diǎn 양 시, 시간 | 分 fēn 양 분 | 刻 kè 양 15분 | 分钟 fēnzhōng 명 분 | 差 chà 형 부족하다 | 闹钟 nàozhōng 명 자명종 | 表 biǎo 명 시계

▶ 다음 중국어에 맞게 성조를 표시하며 말해보세요.

1 □□□□
兔 子 很 快 。

2 □□□□
速 度 很 快 。

3 □□□□
时 间 很 快 。

4 □□□□
地 铁 很 慢 。

5 □□□□
网 速 很 慢 。

6 □□□□
反 应 很 慢 。

Plus 어휘

하루 일과 早上 zǎoshang 몡 아침 | 晚上 wǎnshang 몡 저녁 | 起床 qǐchuáng 동 일어나다 | 睡觉 shuìjiào 동 잠자다 | 睡懒觉 shuì lǎnjiào 늦잠을 자다 | 早起 zǎoqǐ 동 일찍 일어나다 | 睡眠不足 shuìmián bùzú 수면 부족

21 高兴

高兴 기쁘다
gāoxìng

很高兴 매우 기쁘다
hěn gāoxìng

买了衣服，很高兴 옷을 사서, 매우 기쁘다
mǎi le yīfu, hěn gāoxìng

我买了衣服，很高兴。 나는 옷을 사서, 매우 기쁘다.
Wǒ mǎi le yīfu, hěn gāoxìng.

단어 高兴 gāoxìng 혱 기쁘다 | 很 hěn 뷔 매우 | 买 mǎi 동 사다 | 了 le 조 완료를 나타내는 조사
衣服 yīfu 명 옷 | 我 wǒ 대 나

속사정

기쁨을 나타내고자 할 때에는 '기쁘다'는 의미의 형용사 **高兴**을 쓴다.
이 밖에 '행복하다'는 의미의 **幸福**(xìngfú)도 있다.

속풀이

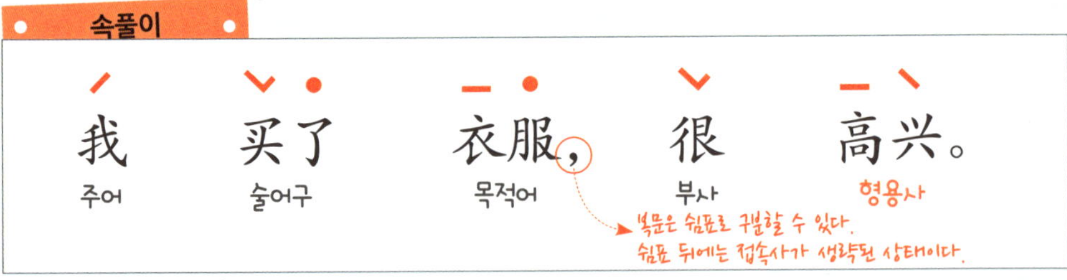

我得到了结果，很**高兴**。 나는 결과를 얻어서, 매우 기쁘다.
Wǒ dédào le jiéguǒ, hěn gāoxìng.

得到 dédào 동 얻다 | 结果 jiéguǒ 명 결과

我见到了朋友，很**高兴**。 나는 친구를 만나서, 매우 기쁘다.
Wǒ jiàndào le péngyou, hěn gāoxìng.

见到 jiàndào 동 보다 | 朋友 péngyou 명 친구

我听到了赞美，很**高兴**。 나는 칭찬을 들어서, 매우 기쁘다.
Wǒ tīngdào le zànměi, hěn gāoxìng.

听到 tīngdào 동 듣다 | 赞美 zànměi 동 찬양하다

我听到了消息，很**高兴**。 나는 소식을 들어서, 매우 기쁘다.
Wǒ tīngdào le xiāoxi, hěn gāoxìng.

消息 xiāoxi 명 소식

我受到了礼物，很**高兴**。 나는 선물을 받아서, 매우 기쁘다.
Wǒ shòudào le lǐwù, hěn gāoxìng.

受到 shòudào 동 받다 | 礼物 lǐwù 명 선물

我找到了工作，很**高兴**。 나는 직업을 찾아서, 매우 기쁘다.
Wǒ zhǎodào le gōngzuò, hěn gāoxìng.

找到 zhǎodào 동 찾다 | 工作 gōngzuò 명 일, 직업

▶ 다음 내용을 보고 중국어를 생각하며 말해보세요.

1 Wǒ dédào le jiéguǒ, hěn gāoxìng.
➡ 나는 결과를 얻어서, 매우 기쁘다.

2 Wǒ jiàndào le péngyou, hěn gāoxìng.
➡ 나는 친구를 만나서, 매우 기쁘다.

3 Wǒ tīngdào le zànměi, hěn gāoxìng.
➡ 나는 칭찬을 들어서, 매우 기쁘다.

4 Wǒ tīngdào le xiāoxi, hěn gāoxìng.
➡ 나는 소식을 들어서, 매우 기쁘다.

5 Wǒ shòudào le lǐwù, hěn gāoxìng.
➡ 나는 선물을 받아서, 매우 기쁘다.

6 Wǒ zhǎodào le gōngzuò, hěn gāoxìng.
➡ 나는 직업을 찾아서, 매우 기쁘다.

Plus 어휘

연애 交往 jiāowǎng 동 교제하다 | 情侶 qínglǚ 명 연인 | 挽手 wǎnshǒu 동 손을 잡다 | 求婚 qiúhūn 동 청혼하다

▶ 다음 중국어에 맞게 성조를 표시하며 말해보세요.

1 我 得 到 了 结 果, 很 高 兴。

2 我 见 到 了 朋 友, 很 高 兴。

3 我 听 到 了 赞 美, 很 高 兴。

4 我 听 到 了 消 息, 很 高 兴。

5 我 受 到 了 礼 物, 很 高 兴。

6 我 找 到 了 工 作, 很 高 兴。

Plus 어휘

연애　接吻 jiēwěn 동 키스하다 | 初恋 chūliàn 명 첫사랑 | 拥抱 yōngbào 동 포옹하다 | 相亲 xiāngqīn 동 선을 보다

1 다음 한자에 맞는 병음을 써 보세요.

❶ 关系　➡ ____________________

❷ 天气　➡ ____________________

❸ 水果　➡ ____________________

❹ 平板电脑　➡ ____________________

❺ 中国菜　➡ ____________________

❻ 房间　➡ ____________________

2 아래 문장에서 병음은 한자를 한자는 병음을 적으세요.

❶ 减肥非常难。　➡ ____________________

❷ Yóuyǒng hěn róngyì.　➡ ____________________

❸ Niánlíng tài dà.　➡ ____________________

❹ 条件很高。　➡ ____________________

답안 1. ① guānxi ② tiānqì ③ shuǐguǒ ④ píngbǎn diànnǎo ⑤ zhōngguó cài ⑥ fángjiān
2. ① Jiǎnféi fēicháng nán. ② 游泳很容易。 ③ 年龄太大。 ④ Tiáojiàn hěn gāo.

3 다음 오른쪽에 있는 의미를 참고하여 빈칸에 알맞은 단어를 쓰세요.

❶ 天气很 ＿＿＿＿＿。　　　날씨가 정말 좋다.

❷ Jièyān fēicháng ＿＿＿＿．　　戒烟非常难。

❸ 물가가 매우 ＿＿＿＿．　　Wùjià hěn gāo.

❹ 时间很 ＿＿＿＿。　　　시간이 매우 빠르다.

4 다음 한국어 문장을 중국어 문장으로 만들어 보세요.

❶ 스마트 휴대전화가 정말 비싸다. ➡ ＿＿＿＿＿＿＿＿＿

❷ 돈을 버는 것은 매우 어렵다. ➡ ＿＿＿＿＿＿＿＿＿

❸ 여행객이 너무 많다. ➡ ＿＿＿＿＿＿＿＿＿

❹ 인터넷 속도가 매우 느리다. ➡ ＿＿＿＿＿＿＿＿＿

답안 3. ① 好　② nán　③ 높다　④ 快
4. ① 智能手机很贵。② 赚钱非常难。③ 游客太多。④ 网速很慢。

05장

동사 앞에 있어야 존재감이 있는 조동사!

(능력) ~할 수 있다 能(不能) / (가능) ~할 수 있다 可以(不可以) / (배워서) ~할 수 있다 会(不会) / (의지) ~하려고 하다 要(不要) / (희망) ~하고 싶다 想(不想)

1단계 조동사의 의미를 파악한다.

2단계 조동사의 위치를 익힌다.

3단계 자주 함께 쓰이는 조동사와 동사를 하나로 묶어 익힌다.

4단계 동사로도 쓰이는 조동사는 의미를 따로 익혀둔다.

22 能 / 不能

(능력) ~할 수 있다 / 할 수 없다

修手机　휴대전화를 고치다
xiū shǒujī

能修手机　휴대전화를 고칠 수 있다
néng xiū shǒujī

她能修手机。　그녀는 휴대전화를 고칠 수 있다.
Tā néng xiū shǒujī.

她不能修手机。　그녀는 휴대전화를 고칠 수 없다.
Tā bù néng xiū shǒujī.

단어　修 xiū 동 수리하다 | 手机 shǒujī 명 휴대전화 | 能 néng 조동 ～할 수 있다 | 她 tā 대 그녀
不 bù 부 ～이 아니다

속사정

조동사란 동사 앞에서 동사의 의미를 한층 더해주는 기능을 하며, 그 종류에는 '가능', '희망', '의지' 등이 있다.
조동사 能은 동사 앞에 쓰여 본래 가지고 있는 능력으로서 무엇인가를 할 수 있는 것을 말하고자 할 때 쓰인다. 부정은 조동사 能 앞에 不를 쓴다.

속풀이

她能吃辣的。 그녀는 매운 것을 먹을 수 있다.
Tā néng chī là de.

吃 chī 동 먹다 | 辣 là 형 맵다

她能喝啤酒。 그녀는 맥주를 마실 수 있다.
Tā néng hē píjiǔ.

喝 hē 동 마시다 | 啤酒 píjiǔ 명 맥주

她能写汉字。 그녀는 한자를 쓸 수 있다.
Tā néng xiě Hànzì.

写 xiě 동 쓰다 | 汉字 Hànzì 명 한자

她能去留学。 그녀는 유학을 갈 수 있다.
Tā néng qù liúxué.

留学 liúxué 동 유학가다

她能买钻石。 그녀는 다이아몬드를 살 수 있다.
Tā néng mǎi zuànshí.

钻石 zuànshí 명 다이아몬드

她能看电影。 그녀는 영화를 볼 수 있다.
Tā néng kàn diànyǐng.

电影 diànyǐng 명 영화

▶ 다음 내용을 보고 중국어를 생각하며 말해보세요.

1   Tā néng chī là de. ➡ 그녀는 매운 것을 먹을 수 있다.

2   Tā néng hē píjiǔ. ➡ 그녀는 맥주를 마실 수 있다.

3   Tā néng xiě Hànzì. ➡ 그녀는 한자를 쓸 수 있다.

4   Tā néng qù liúxué. ➡ 그녀는 유학을 갈 수 있다.

5   Tā néng mǎi zuànshí. ➡ 그녀는 다이아몬드를 살 수 있다.

6   Tā néng kàn diànyǐng. ➡ 그녀는 영화를 볼 수 있다.

Plus 어휘

명사 比赛 bǐsài 명 시합 | 票 piào 명 표 | 银幕 yínmù 명 스크린 | 爆米花 bàomǐhuā 명 팝콘

성조 최강 복습

▶ 다음 중국어에 맞게 성조를 표시하며 말해보세요.

1　□□□□□
　她 能 吃 辣 的 。

2　□□□□□
　她 能 喝 啤 酒 。

3　□□□□□
　她 能 写 汉 字 。

4　□□□□□
　她 能 去 留 学 。

5　□□□□□
　她 能 买 钻 石 。

6　□□□□□
　她 能 看 电 影 。

Plus 어휘

공연 音乐会 yīnyuèhuì 몡 음악회 | 音乐剧 yīnyuèjù 몡 뮤지컬 | 话剧 huàjù 몡 연극 | 演唱会 yǎnchànghuì 몡 콘서트

23 可以 / 不可以

(가능) ~할 수 있다 / ~할 수 없다

教育孩子　　아이를 교육한다
jiàoyù háizi

可以教育孩子　　아이를 교육할 수 있다
kěyǐ jiàoyù háizi

我可以教育孩子。　　나는 아이를 교육할 수 있다.
Wǒ kěyǐ jiàoyù háizi.

我不可以教育孩子。　　나는 아이를 교육할 수 없다.
Wǒ bù kěyǐ jiàoyù háizi.

단어 教育 jiàoyù 동 교육하다 | 孩子 háizi 명 어린아이 | 可以 kěyǐ 조동 ~할 수 있다 | 我 wǒ 대 나
不 bù 부 ~아니다

속사정

조동사 **可以**는 동사 앞에 쓰여 가능, 허락으로서 '~을 할 수 있다'라는 뜻을 나타낼 때 쓰인다.
부정은 **可以** 앞에 **不**를 쓴다.

속풀이

她	可以	教育	孩子。
주어	조동사	동사	목적어

我可以帮助搬家。
Wǒ kěyǐ bāngzhù bānjiā.

나는 이사를 도와줄 수 있다.

帮助 bāngzhù 동 돕다 | 搬家 bānjiā 동 이사하다

我可以参加会议。
Wǒ kěyǐ cānjiā huìyì.

나는 회의에 참여할 수 있다.

参加 cānjiā 동 참여하다 | 会议 huìyì 명 회의

我可以访问美国。
Wǒ kěyǐ fǎngwèn Měiguó.

나는 미국을 방문할 수 있다.

访问 fǎngwèn 동 방문하다 | 美国 Měiguó 명 미국

我可以抽出时间。
Wǒ kěyǐ chōuchū shíjiān.

나는 시간을 낼 수 있다.

抽出 chōuchū 동 시간을 내다 | 时间 shíjiān 명 시간

我可以在这停车。
Wǒ kěyǐ zài zhè tíngchē.

나는 여기에 주차를 할 수 있다.

在 zài 전 ~에 | 这 zhè 대 여기, 이곳 | 停车 tíngchē 동 주차하다

我可以出去逛街。
Wǒ kěyǐ chūqù guàngjiē.

나는 구경하러 나갈 수 있다.

出去 chūqù 동 나가다 | 逛街 guàngjiē 동 거리 구경을 하다

▶ 다음 내용을 보고 중국어를 생각하며 말해보세요.

1   Wǒ kěyǐ bāngzhù bānjiā.   ➡   나는 이사를 도와줄 수 있다.

2   Wǒ kěyǐ cānjiā huìyì.   ➡   나는 회의에 참여할 수 있다.

3   Wǒ kěyǐ fǎngwèn Měiguó.   ➡   나는 미국을 방문할 수 있다.

4   Wǒ kěyǐ chōuchū shíjiān.   ➡   나는 시간을 낼 수 있다.

5   Wǒ kěyǐ zài zhè tíngchē.   ➡   나는 여기에 주차를 할 수 있다.

6   Wǒ kěyǐ chūqù guàngjiē.   ➡   나는 구경하러 나갈 수 있다.

Plus 어휘

가구 家具 jiāju 명 가구 | 桌子 zhuōzi 명 탁자 | 椅子 yǐzi 명 의자 | 餐桌 cānzhuō 명 식탁 | 沙发 shāfā 명 소파

▶ 다음 중국어에 맞게 성조를 표시하며 말해보세요.

1 我 可 以 帮 助 搬 家 。

2 我 可 以 参 加 会 议 。

3 我 可 以 访 问 美 国 。

4 我 可 以 抽 出 时 间 。

5 我 可 以 在 这 停 车 。

6 我 可 以 出 去 逛 街 。

Plus 어휘

가전 冰箱 bīngxiāng 명 냉장고 | 电风扇 diànfēngshān 명 선풍기 | 空调 kōngtiáo 명 에어컨 | 洗衣机 xǐyījī 명 세탁기 | 加湿器 jiāshīqì 명 가습기

24 会 / 不会

说汉语　　중국어를 말하다
shuō Hànyǔ

会说汉语　　중국어를 말할 수 있다
huì shuō Hànyǔ

她会说汉语。　　그녀는 중국어를 말할 수 있다.
Tā huì shuō Hànyǔ.

她不会说汉语。　　그녀는 중국어를 말할 수 없다.
Tā bú huì shuō Hànyǔ.

단어 说 shuō 동 말하다 | 汉语 Hànyǔ 명 중국어 | 会 huì 조동 ~할 수 있다 | 她 tā 대 그녀
不 bù 부 ~이 아니다

속사정

조동사 **会**는 동사 앞에 쓰여 '(~을 배워서) 할 수 있다' 또는 '~에 능숙하다'를 나타낼 때 쓰인다.
会는 조동사뿐만 아니라 동사로 '능숙하다', '잘하다'라는 뜻도 있다.
부정은 **会** 앞에 不를 쓰면 된다.

속풀이

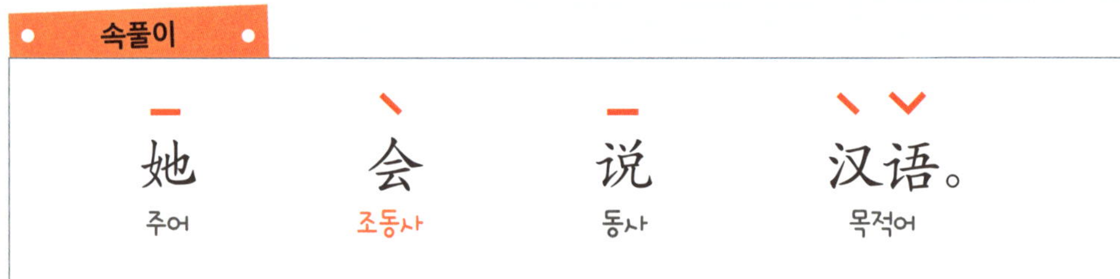

她**会**说俄国语。　그녀는 러시아어를 말할 수 있다.
Tā huì shuō Éguóyǔ.

俄国语 Éguóyǔ 명 러시아어

她**会**开我的车。　그녀는 나의 차를 운전할 수 있다.
Tā huì kāi wǒ de chē.

开车 kāichē 동 운전하다

她**会**做中国菜。　그녀는 중국요리를 만들 수 있다.
Tā huì zuò Zhōngguó cài.

做 zuò 동 만들다, 하다 | 菜 cài 명 요리

她**会**打乒乓球。　그녀는 탁구를 칠 수 있다.
Tā huì dǎ pīngpāngqiú.

打 dǎ 동 치다, 때리다 | 乒乓球 pīngpāngqiú 명 탁구

她**会**写繁体字。　그녀는 번체자를 쓸 수 있다.
Tā huì xiě fántǐzì.

写 xiě 동 쓰다 | 繁体字 fántǐzì 명 번체자

她**会**唱中国歌。　그녀는 중국노래를 부를 수 있다.
Tā huì chàng Zhōngguó gē.

唱 chàng 동 부르다 | 歌 gē 명 노래

▶ 다음 내용을 보고 중국어를 생각하며 말해보세요.

1   Tā huì shuō Éguóyǔ. ➡ 그녀는 러시아어를 말할 수 있다.

2   Tā huì kāi wǒ de chē. ➡ 그녀는 나의 차를 운전할 수 있다.

3   Tā huì zuò Zhōngguó cài. ➡ 그녀는 중국요리를 만들 수 있다.

4   Tā huì dǎ pīngpāngqiú. ➡ 그녀는 탁구를 칠 수 있다.

5   Tā huì xiě fántǐzì. ➡ 그녀는 번체자를 쓸 수 있다.

6   Tā huì chàng Zhōngguó gē. ➡ 그녀는 중국노래를 부를 수 있다.

Plus 어휘

운동종목   运动 yùndòng 명 운동 | 棒球 bàngqiú 명 야구 | 足球 zúqiú 명 축구 | 保龄球 bǎolíngqiú 명 볼링 | 网球 wǎngqiú 명 테니스 | 排球 páiqiú 명 배구

▶ 다음 중국어에 맞게 성조를 표시하며 말해보세요.

1 她 会 说 俄 国 语 。

2 她 会 开 我 的 车 。

3 她 会 做 中 国 菜 。

4 她 会 打 乒 乓 球 。

5 她 会 写 繁 体 字 。

6 她 会 唱 中 国 歌 。

Plus 어휘

운동종목 篮球 lánqiú 명 농구 | 羽毛球 yǔmáoqiú 명 배드민턴 | 高尔夫球 gāo'ěrfūqiú 명 골프 | 滑雪 huáxuě 명 스키 | 滑冰 huábīng 명 스케이트

25 要 / 不要

学汉语　중국어를 배우다
xué Hànyǔ

要学汉语　중국어를 배우려고 한다
yào xué Hànyǔ

我要学汉语。　나는 중국어를 배우려고 한다.
Wǒ yào xué Hànyǔ.

我不要学汉语。　나는 중국어를 배우려 하지 않는다.
Wǒ bú yào xué Hànyǔ.

단어 学 xué 동 배우다, 공부하다 | 汉语 Hànyǔ 명 중국어 | 要 yào 조동 ~하려고 하다
我 wǒ 대 나 | 不 bù 부 ~이 아니다

속사정

조동사 **要**는 동사 앞에 쓰여 '~을 하려고 하다'라는 의지를 나타낼 때 쓰인다.
要는 조동사뿐만 아니라 동사로 '필요하다', '바라다', '요구하다'라는 뜻으로도 쓰인다.
부정은 부정부사 **不**를 **要** 앞에 쓰며, 不想(bù xiǎng)으로도 가능하다.

속풀이

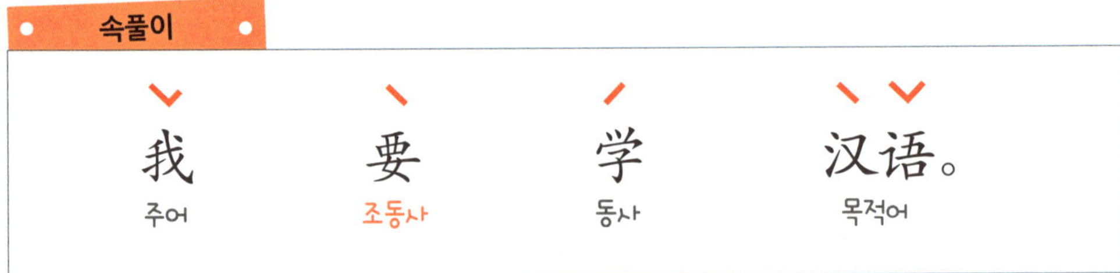

我**要**找工作。 나는 직업을 찾으려고 한다.
Wǒ yào zhǎo gōngzuò.

找 zhǎo 통 찾다 | 工作 gōngzuò 명 일, 직업

我**要**去外国。 나는 외국에 나가려고 한다.
Wǒ yào qù wàiguó.

外国 wàiguó 명 외국

我**要**加夜班。 나는 야근을 하려고 한다.
Wǒ yào jiā yèbān.

加 jiā 통 증가하다, 늘리다 | 夜班 yèbān 명 야근

我**要**谈恋爱。 나는 연애를 하려고 한다.
Wǒ yào tán liàn'ài.

谈恋爱 tán liàn'ài 연애하다

我**要**做晚饭。 나는 저녁 밥을 하려고 한다.
Wǒ yào zuò wǎnfàn.

晚饭 wǎnfàn 명 저녁 밥

我**要**当老板。 나는 사장이 되려고 한다.
Wǒ yào dāng lǎobǎn.

当 dāng 통 ~이 되다 | 老板 lǎobǎn 명 사장

▶ 다음 내용을 보고 중국어를 생각하며 말해보세요.

1   Wǒ yào zhǎo gōngzuò. ➡ 나는 직업을 찾으려고 한다.

2   Wǒ yào qù wàiguó. ➡ 나는 외국에 나가려고 한다.

3   Wǒ yào jiā yèbān. ➡ 나는 야근을 하려고 한다.

4   Wǒ yào tán liàn'ài. ➡ 나는 연애를 하려고 한다.

5   Wǒ yào zuò wǎnfàn. ➡ 나는 저녁 밥을 하려고 한다.

6   Wǒ yào dāng lǎobǎn. ➡ 나는 사장이 되려고 한다.

Plus 어휘

상점 面包店 miànbāodiàn 몡 빵집 | 美容室 měiróngshì 몡 미용실 | 咖啡厅 kāfēitīng 몡 커피숍 | 网吧 wǎngbā 몡 PC방

▶ 다음 중국어에 맞게 성조를 표시하며 말해보세요.

1 我要找工作。

2 我要去外国。

3 我要加夜班。

4 我要谈恋爱。

5 我要做晚饭。

6 我要当老板。

Plus 어휘

상점 百货商店 bǎihuò shāngdiàn 명 백화점 | 便利店 biànlìdiàn 명 편의점 | 书店 shūdiàn 명 서점 | 超市 chāoshì 명 마트

26 想 / 不想

学汉语　중국어를 배우다
xué Hànyǔ

想学汉语　중국어를 배우고 싶다
xiǎng xué Hànyǔ

我想学汉语。　나는 중국어를 배우고 싶다.
Wǒ xiǎng xué Hànyǔ.

我不想学汉语。　나는 중국어를 배우고 싶지 않다.
Wǒ bù xiǎng xué Hànyǔ.

단어 **学** xué 통 배우다 | **汉语** Hànyǔ 명 중국어 | **想** xiǎng 조동 ~하고 싶다 | **我** wǒ 대 나 | **不** bù 부 ~이 아니다

속사정

조동사 **想**은 동사 앞에 쓰여 '~을 하고 싶다' 혹은 '~할 생각이 있다'를 나타낼 때 쓰인다.
想은 조동사뿐만 아니라 동사로 '생각하다', '그리워 하다'라는 뜻으로도 쓰인다.
부정은 부정부사 **不**를 **想** 앞에 쓴다.

속풀이

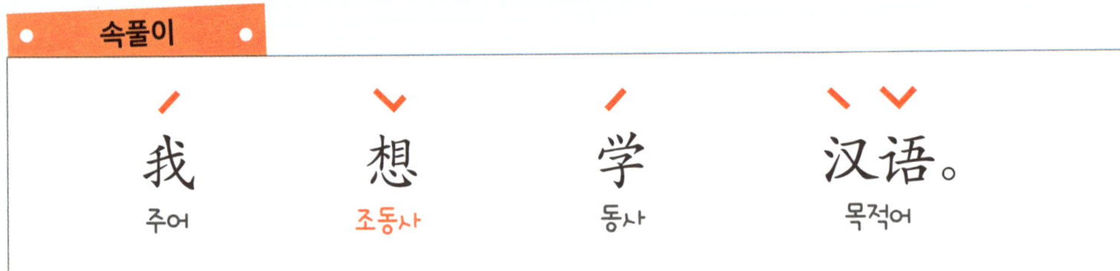

我**想**去美国。　나는 미국에 가고 싶다.
Wǒ xiǎng qù Měiguó.

美国 Měiguó 뗑 미국

我**想**当翻译。　나는 통역사가 되고 싶다.
Wǒ xiǎng dāng fānyì.

翻译 fānyì 뗑 통역사

我**想**吃火锅。　나는 훠궈를 먹고 싶다.
Wǒ xiǎng chī huǒguō.

吃 chī 뙤 먹다 | 火锅 huǒguō 뗑 훠궈

我**想**喝咖啡。　나는 커피를 마시고 싶다.
Wǒ xiǎng hē kāfēi.

喝 hē 뙤 마시다 | 咖啡 kāfēi 뗑 커피

我**想**听广播。　나는 라디오를 듣고 싶다.
Wǒ xiǎng tīng guǎngbō.

听 tīng 뙤 듣다 | 广播 guǎngbō 뗑 라디오 방송

我**想**买黄金。　나는 황금을 사고 싶다.
Wǒ xiǎng mǎi huángjīn.

买 mǎi 뙤 사다 | 黄金 huángjīn 뗑 황금

▶ 다음 내용을 보고 중국어를 생각하며 말해보세요.

1   **Wǒ xiǎng qù Měiguó.** ➡ 나는 미국에 가고 싶다.

2   **Wǒ xiǎng dāng fānyì.** ➡ 나는 통역사가 되고 싶다.

3   **Wǒ xiǎng chī huǒguō.** ➡ 나는 훠궈를 먹고 싶다.

4   **Wǒ xiǎng hē kāfēi.** ➡ 나는 커피를 마시고 싶다.

5   **Wǒ xiǎng tīng guǎngbō.** ➡ 나는 라디오를 듣고 싶다.

6   **Wǒ xiǎng mǎi huángjīn.** ➡ 나는 황금을 사고 싶다.

Plus 어휘

수도 北京 Běijīng 명 북경 | 首尔 Shǒu'ěr 명 서울 | 东京 Dōngjīng 명 동경 | 纽约 Niǔyuē 명 뉴욕

▶ 다음 중국어에 맞게 성조를 표시하며 말해보세요.

1 我 想 去 美 国 。

2 我 想 当 翻 译 。

3 我 想 吃 火 锅 。

4 我 想 喝 咖 啡 。

5 我 想 听 广 播 。

6 我 想 买 黄 金 。

Plus 어휘

수도 台北 Táiběi 명 타이베이 | 河内 Hénèi 명 하노이 | 莫斯科 Mòsīkē 명 모스크바 | 巴黎 Bālí 명 파리 |
柏林 Bólín 명 베를린

1 다음 한자에 맞는 병음을 써 보세요.

❶ 英语 ➡ ______________________

❷ 留学 ➡ ______________________

❸ 访问 ➡ ______________________

❹ 逛街 ➡ ______________________

❺ 老板 ➡ ______________________

❻ 黄金 ➡ ______________________

2 아래 문장에서 병음은 한자를 한자는 병음을 적으세요.

❶ 我可以抽出时间。 ➡ ______________________

❷ Tā néng xiě Hànzì. ➡ ______________________

❸ Wǒ yào zuò wǎnfàn. ➡ ______________________

❹ 我想吃火锅。 ➡ ______________________

답안 1. ① Yīngyǔ ② liúxué ③ fǎngwèn ④ guàngjiē ⑤ lǎobǎn ⑥ huángjīn
2. ① Wǒ kěyǐ chōuchū shíjiān. ② 她能写汉字。 ③ 我要做晚饭。 ④ Wǒ xiǎng chī huǒguō.

3 다음 오른쪽에 있는 의미를 참고하여 빈칸에 알맞은 단어를 쓰세요.

❶ 她 _________ 读英语。   그녀는 영어를 읽을 수 있다. [능력]

❷ Wǒ _________ cānjiā huìyì.   나는 회의에 참여할 수 있다. [가능]

❸ 그녀는 중국요리를 _________ .   **Tā huì zuò Zhōngguó cài.** [배워서]

❹ 我 _________ 当翻译。   나는 통역사가 되고 싶다. [희망]

4 다음 한국어 문장을 중국어 문장으로 만들어 보세요.

❶ 나는 여기에 주차를 할 수 있다. ➡ [가능] ________________

❷ 나는 구경하러 나갈 수 있다. ➡ [가능] ________________

❸ 그녀는 나의 차를 운전할 수 있다. ➡ [배워서] ________________

❹ 나는 연애를 하려고 한다. ➡ [의지] ________________

답안 3. ① 能 ② kěyǐ ③ 만들 수 있다 ④ 想
4. ① 我可以这儿停车。② 我可以出去逛街。③ 她会开我的车。④ 我要谈恋爱。

PART 2

시작이 반이다!

06장

명사없이 살 수 없는 전치사!

~에서(장소) 在 / ~ 와, 과 跟 / ~을, 를 把 / ~에 의해 당하다 被 / ~에게 对

1단계	전치사의 의미를 파악한다.
2단계	전치사의 위치를 익힌다.
3단계	전치사 뒤에 자주 쓰이는 명사를 하나로 묶어 익힌다.
4단계	'전치사 + 명사' 뒤에 자주 쓰이는 동사를 하나로 묶어 익힌다.

27 在

~에서(장소)

办公室 사무실
bàngōngshì

在办公室 사무실에서
zài bàngōngshì

在办公室写报告 사무실에서 보고서를 쓴다
zài bàngōngshì xiě bàogào

他在办公室写报告。 그는 사무실에서 보고서를 쓴다.
Tā zài bàngōngshì xiě bàogào.

단어 办公室 bàngōngshì 명 사무실 | 在 zài 전 ~에서 | 写 xiě 동 쓰다 | 报告 bàogào 명 보고서
他 tā 대 그

속사정

전치사란 '전치사 + 명사'구를 이루어 주어 뒤, 술어 앞에 놓여 시간, 장소, 방식 등을 나타낸다.
전치사 在는 장소를 나타낼 때 쓰이며 '在 + 장소 명사'구를 이루어 '~에서'라는 뜻으로 쓰인다.

속풀이

他**在**房间看电视。　그는 방에서 텔레비전을 본다.
Tā zài fángjiān kàn diànshì.

电视 diànshì 명 텔레비전

他**在**教室听讲课。　그는 교실에서 수업을 듣는다.
Tā zài jiàoshì tīng jiǎngkè.

教室 jiàoshì 명 교실 | 讲课 jiǎngkè 동 강의하다

他**在**食堂吃面条。　그는 식당에서 국수를 먹는다.
Tā zài shítáng chī miàntiáo.

面条 miàntiáo 명 국수

他**在**商店买衣服。　그는 상점에서 옷을 산다.
Tā zài shāngdiàn mǎi yīfu.

商店 shāngdiàn 명 상점 | 衣服 yīfu 명 옷

他**在**操场打篮球。　그는 운동장에서 농구를 한다.
Tā zài cāochǎng dǎ lánqiú.

操场 cāochǎng 명 운동장 | 打篮球 dǎ lánqiú 농구를 하다

他**在**超市买牛肉。　그는 마트에서 소고기를 산다.
Tā zài chāoshì mǎi niúròu.

超市 chāoshì 명 마트 | 牛肉 niúròu 명 소고기

▶ 다음 내용을 보고 중국어를 생각하며 말해보세요.

1 **Tā zài fángjiān kàn diànshì.** ➡ 그는 방에서 텔레비전을 본다.

2 **Tā zài jiàoshì tīng jiǎngkè.** ➡ 그는 교실에서 수업을 듣는다.

3 **Tā zài shítáng chī miàntiáo.** ➡ 그는 식당에서 국수를 먹는다.

4 **Tā zài shāngdiàn mǎi yīfu.** ➡ 그는 상점에서 옷을 산다.

5 **Tā zài cāochǎng dǎ lánqiú.** ➡ 그는 운동장에서 농구를 한다.

6 **Tā zài chāoshì mǎi niúròu.** ➡ 그는 마트에서 소고기를 산다.

Plus 어휘

생활용품 卫生纸 wèishēngzhǐ 명 휴지 | 刷牙 shuāyá 동 양치질하다 | 牙刷 yáshuā 명 칫솔 | 牙膏 yágāo 명 치약

▶ 다음 중국어에 맞게 성조를 표시하며 말해보세요.

1 他在房间看电视。

2 他在教室听讲课。

3 他在食堂吃面条。

4 他在商店买衣服。

5 他在操场打篮球。

6 他在超市买牛肉。

Plus 어휘

생활용품 香皂 xiāngzào 명 세숫비누 | 剃须刀 tìxūdāo 명 면도기 | 毛巾 máojīn 명 수건 | 面纸 miànzhǐ 명 티슈

28 跟

去商店　상점에 간다
qù shāngdiàn

一起去商店　같이 상점에 간다
yìqǐ qù shāngdiàn

跟妈妈一起去商店　엄마와 같이 상점에 간다
gēn māma yìqǐ qù shāngdiàn

我跟妈妈一起去商店。　나는 엄마와 같이 상점에 간다.
Wǒ gēn māma yìqǐ qù shāngdiàn.

단어　去 qù 통 가다 | 商店 shāngdiàn 명 상점 | 一起 yìqǐ 부 같이, 함께 | 跟 gēn 전 ~와
妈妈 māma 명 엄마 | 我 wǒ 대 나

속사정

전치사 跟은 '(누구)와'라는 뜻으로 어떠한 상대와 함께 무언가를 할 때 쓰인다.
종종 부사 一起와 같이 쓰여 형식은 'A + 跟 + B(+ 一起) + 동사 + 목적어'로 이루어져
'A와 B는 같이 ~을 하다'라는 뜻이다.

속풀이

我 跟 妈妈 一起 去 商店。
주어　전치사　명사　부사　동사　목적어

我**跟**爱人一起去旅游。　나는 애인과 같이 여행을 간다.
Wǒ **gēn** àiren yìqǐ qù lǚyóu.

爱人 àiren 명 애인 | 旅游 lǚyóu 명 여행

我**跟**妈妈一起下馆子。　나는 엄마와 같이 외식을 한다.
Wǒ **gēn** māma yìqǐ xià guǎnzi.

下馆子 xià guǎnzi 외식하다

我**跟**姐姐一起看话剧。　나는 언니와 같이 연극을 본다.
Wǒ **gēn** jiějie yìqǐ kàn huàjù.

姐姐 jiějie 명 언니 | 话剧 huàjù 명 연극

我**跟**朋友一起去留学。　나는 친구와 같이 유학 간다.
Wǒ **gēn** péngyou yìqǐ qù liúxué.

朋友 péngyou 명 친구 | 留学 liúxué 동 유학하다

我**跟**同事一起去出差。　나는 동료와 같이 출장 간다.
Wǒ **gēn** tóngshì yìqǐ qù chūchāi.

同事 tóngshì 명 동료 | 出差 chūchāi 동 출장하다

我**跟**班主任一起商量。　나는 담임선생님과 같이 상의한다.
Wǒ **gēn** bānzhǔrèn yìqǐ shāngliang.

班主任 bānzhǔrèn 명 담임 | 商量 shāngliang 동 상의하다

▶ 다음 내용을 보고 중국어를 생각하며 말해보세요.

1 Wǒ gēn àiren yìqǐ qù lǚyóu.
➡ 나는 애인과 같이 여행을 간다.

2 Wǒ gēn māma yìqǐ xià guǎnzi.
➡ 나는 엄마와 같이 외식을 한다.

3 Wǒ gēn jiějie yìqǐ kàn huàjù.
➡ 나는 언니와 같이 연극을 본다.

4 Wǒ gēn péngyou yìqǐ qù liúxué.
➡ 나는 친구와 같이 유학 간다.

5 Wǒ gēn tóngshì yìqǐ qù chūchāi.
➡ 나는 동료와 같이 출장 간다.

6 Wǒ gēn bānzhǔrèn yìqǐ shāngliang.
➡ 나는 담임선생님과 같이 상의한다.

Plus 어휘

교통　红绿灯 hónglǜdēng 명 신호등 | 人行横道 rénxíng héngdào 명 횡단보도 | 天桥 tiānqiáo 명 육교 | 平交
道 píngjiāodào 명 건널목

▶ 다음 중국어에 맞게 성조를 표시하며 말해보세요.

1 我 跟 爱 人 一 起 去 旅 游 。

2 我 跟 妈 妈 一 起 下 馆 子 。

3 我 跟 姐 姐 一 起 看 话 剧 。

4 我 跟 朋 友 一 起 去 留 学 。

5 我 跟 同 事 一 起 去 出 差 。

6 我 跟 班 主 任 一 起 商 量 。

Plus 어휘

교통 公路 gōnglù 명 도로 | 高速公路 gāosù gōnglù 명 고속도로 | 迷路 mílù 동 길을 잃다 | 问路 wènlù 동 길을 묻다

29 把

吃   먹다
chī

吃了   먹었다
chī le

把面包吃了   빵을 먹었다
bǎ miànbāo chī le

我把面包吃了。   나는 빵을 먹었다.
Wǒ bǎ miànbāo chī le.

단어 吃 chī 동 먹다 | 了 le 조 문장 끝에 쓰여 완료를 나타내는 조사 | 把 bǎ 전 ~을, ~를
面包 miànbāo 명 빵 | 我 wǒ 대 나

속사정

把자문 : 주어(행위 주체) + 把 + 목적어(행위 대상) + 술어 + 부가성분
전치사 把의 의미는 '~을', '~를'로 주어가 목적어를 어떻게 처치하였는지를 강조하기 위해
목적어를 동사 앞으로 가져오면서 강조할 수 있는 역할을 한다.

속풀이

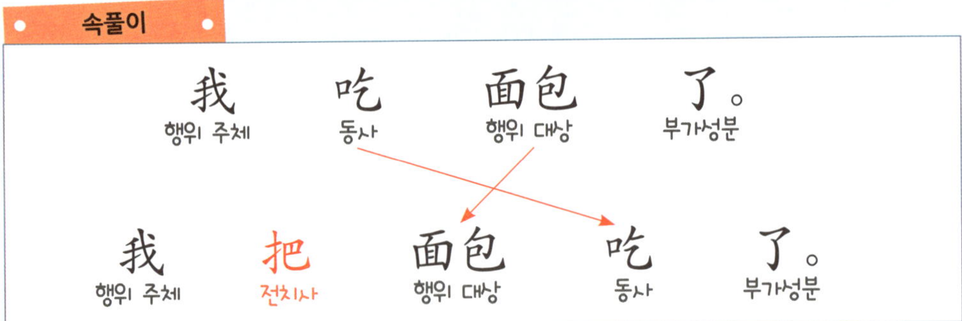

我**把**衣服洗了。　나는 옷을 빨았다.
Wǒ bǎ yīfu xǐ le.

衣服 yīfu 명 옷 | 洗 xǐ 동 빨다, 씻다

我**把**钥匙忘了。　나는 열쇠를 잊어버렸다.
Wǒ bǎ yàoshi wàng le.

钥匙 yàoshi 명 열쇠 | 忘 wàng 동 잊어버리다

我**把**包裹寄了。　나는 소포를 부쳤다.
Wǒ bǎ bāoguǒ jì le.

包裹 bāoguǒ 명 소포 | 寄 jì 동 (우편으로) 부치다

我**把**帽子戴了。　나는 모자를 썼다.
Wǒ bǎ màozi dài le.

帽子 màozi 명 모자 | 戴 dài 동 쓰다

我**把**手机丢了。　나는 휴대전화를 잃어버렸다.
Wǒ bǎ shǒujī diū le.

手机 shǒujī 명 휴대전화 | 丢 diū 동 잃어버리다

我**把**电视修了。　나는 텔레비전을 고쳤다.
Wǒ bǎ diànshì xiū le.

电视 diànshì 명 텔레비전 | 修 xiū 동 고치다

▶ 다음 내용을 보고 중국어를 생각하며 말해보세요.

1   Wǒ bǎ yīfu xǐ le.   ➡   나는 옷을 빨았다.

2   Wǒ bǎ yàoshi wàng le.   ➡   나는 열쇠를 잊어버렸다.

3   Wǒ bǎ bāoguǒ jì le.   ➡   나는 소포를 부쳤다.

4   Wǒ bǎ màozi dài le.   ➡   나는 모자를 썼다.

5   Wǒ bǎ shǒujī diū le.   ➡   나는 휴대전화를 잃어버렸다.

6   Wǒ bǎ diànshì xiū le.   ➡   나는 텔레비전을 고쳤다.

Plus 어휘

사무용품 计算器 jìsuànqì 명 계산기 | 文件 wénjiàn 명 서류 | 文件夹 wénjiànjiā 명 서류 파일 | 纸 zhǐ 명 종이

▶ 다음 중국어에 맞게 성조를 표시하며 말해보세요.

1 我把衣服洗了。

2 我把钥匙忘了。

3 我把包裹寄了。

4 我把帽子戴了。

5 我把手机丢了。

6 我把电视修了。

Plus 어휘

퇴사용어 失业者 shīyèzhě 명 실업자 | 辞职书 cízhíshū 명 사직서 | 招聘 zhāopìn 동 모집하다 | 解雇 jiěgù 동 해고하다

30 被

批评　혼내다
pīpíng

批评了　혼났다
pīpíng le

被妈妈批评　엄마에 의해 혼났다
bèi māma pīpíng le

我被妈妈批评了。　나는 엄마에게 혼났다.
Wǒ bèi māma pīpíng le.

단어 批评 pīpíng 동 꾸짖다, 비평하다 | 了 le 조 문장 끝에 쓰여 완료를 나타내는 조사
被 bèi 전 ~에게 당하다 | 妈妈 māma 명 엄마 | 我 wǒ 대 나

속사정

被자문 : 주어(행위 대상) + 被 + 목적어(행위 주체) + 술어 + 부가성분
전치사 被의 의미는 '~에게 당하다'로 주어가 원치 않거나 좋지 않은 행위를 당했을 때 쓰여
피동을 나타낸다.

속풀이

妈妈	批评	了	我。
행위 주체	동사	부가성분	행위 대상

我	被	妈妈	批评	了。
행위 대상	전치사	행위 주체	동사	부가성분

我**被**上司批评了。　나는 상사에게 꾸지람을 받았다.
Wǒ bèi shàngsi pīpíng le.

上司 shàngsi 명 상사 | 批评 pīpíng 동 비평하다, 꾸짖다

我**被**宠物咬伤了。　나는 애완동물한테 물렸다.
Wǒ bèi chǒngwù yǎoshāng le.

宠物 chǒngwù 명 애완동물 | 咬伤 yǎoshāng 동 물어서 상처를 내다

我**被**老师体罚了。　나는 선생님께 체벌 받았다.
Wǒ bèi lǎoshī tǐfá le.

老师 lǎoshī 명 선생님 | 体罚 tǐfá 동 체벌하다

钱**被**小偷偷走了。　돈을 도둑이 훔쳐갔다.
Qián bèi xiǎotōu tōu zǒu le.

钱 qián 명 돈 | 小偷 xiǎotōu 명 도둑 | 偷走 tōu zǒu 훔쳐 가다

钱**被**弟弟花光了。　돈을 남동생이 다 썼다.
Qián bèi dìdi huāguāng le.

弟弟 dìdi 명 남동생 | 花光 huāguāng 동 전부 써 버리다

肉**被**姐姐吃光了。　고기를 언니가 다 먹었다.
Ròu bèi jiějie chīguāng le.

肉 ròu 명 고기 | 姐姐 jiějie 명 누나, 언니 | 吃光 chīguāng 동 다 먹다

▶ 다음 내용을 보고 중국어를 생각하며 말해보세요.

1 Wǒ bèi shàngsi pīpíng le. ➡ 나는 상사에게 꾸지람을 받았다.

2 Wǒ bèi chǒngwù yǎoshāng le. ➡ 나는 애완동물한테 물렸다.

3 Wǒ bèi lǎoshī tǐfá le. ➡ 나는 선생님께 체벌 받았다.

4 Qián bèi xiǎotōu tōu zǒu le. ➡ 돈을 도둑이 훔쳐갔다.

5 Qián bèi dìdi huāguāng le. ➡ 돈을 남동생이 다 썼다.

6 Ròu bèi jiějie chīguāng le. ➡ 고기를 언니가 다 먹었다.

Plus 어휘

사무기기 复印 fùyìn 동 복사하다 | 复印机 fùyìnjī 명 복사기 | 打印 dǎyìn 동 프린트하다 | 打印机 dǎyìnjī 명 프린터기 | 传真 chuánzhēn 명 팩스

▶ 다음 중국어에 맞게 성조를 표시하며 말해보세요.

1 我 被 上 司 批 评 了 。

2 我 被 宠 物 咬 伤 了 。

3 我 被 老 师 体 罚 了 。

4 钱 被 小 偷 偷 走 了 。

5 钱 被 弟 弟 花 光 了 。

6 肉 被 姐 姐 吃 光 了 。

Plus 어휘

사무용어 名片 míngpiàn 명 명함 | 总机 zǒngjī 명 대표 전화 | 便条儿 biàntiáor 명 메모 | 分机 fēnjī 명 내선 (전화)

31 对

~에게

感兴趣 흥미가 있다
gǎn xìngqù

很感兴趣 매우 흥미가 있다
hěn gǎn xìngqù

对汉语很感兴趣 중국어에 매우 흥미가 있다
duì Hànyǔ hěn gǎn xìngqù

我对汉语很感兴趣。 나는 중국어에 매우 흥미가 있다.
Wǒ duì Hànyǔ hěn gǎn xìngqù.

단어 感兴趣 gǎn xìngqù 흥미가 있다 | 很 hěn 뷔 매우 | 汉语 Hànyǔ 뎽 중국어
对 duì 졘 ~에게, ~에 대하여 | 我 wǒ 때 나

속사정

对자문 : 주어 + 对 + 관심 대상 + 술어
전치사 **对**의 의미는 '~에게', '~에 대하여'로 동작이나 행위의 대상을 나타낸다.
이때 '~에게'는 대상이 사람일 경우에만 쓸 수 있다.

속풀이

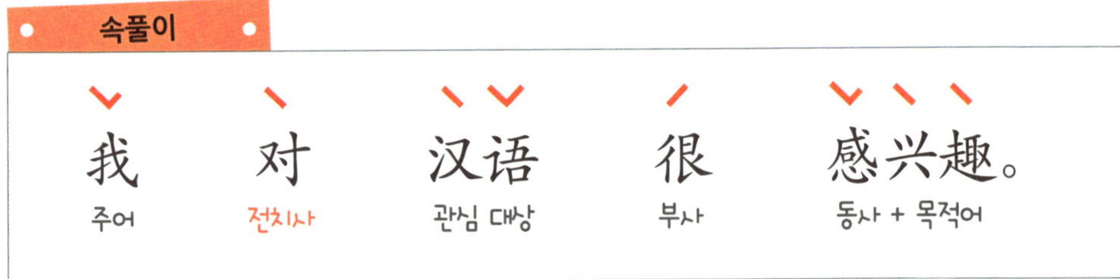

我**对**数学很感兴趣。 나는 수학에 매우 흥미가 있다.
Wǒ duì shùxué hěn gǎn xìngqù.

数学 shùxué 명 수학

我**对**理财很感兴趣。 나는 재테크에 매우 흥미가 있다.
Wǒ duì lǐcái hěn gǎn xìngqù.

理财 lǐcái 동 재테크하다

我**对**外语很感兴趣。 나는 외국어에 매우 흥미가 있다.
Wǒ duì wàiyǔ hěn gǎn xìngqù.

外语 wàiyǔ 명 외국어

我**对**料理很感兴趣。 나는 요리에 매우 흥미가 있다.
Wǒ duì liàolǐ hěn gǎn xìngqù.

料理 liàolǐ 명 요리

我**对**工作很感兴趣。 나는 일에 매우 흥미가 있다.
Wǒ duì gōngzuò hěn gǎn xìngqù.

工作 gōngzuò 명 일

我**对**插花很感兴趣。 나는 꽃꽂이에 매우 흥미가 있다.
Wǒ duì chāhuā hěn gǎn xìngqù.

插花 chāhuā 동 꽃을 꽂다

▶ 다음 내용을 보고 중국어를 생각하며 말해보세요.

1 Wǒ duì shùxué hěn gǎn xìngqù. ➡ 나는 수학에 매우 흥미가 있다.

2 Wǒ duì lǐcái hěn gǎn xìngqù. ➡ 나는 재테크에 매우 흥미가 있다.

3 Wǒ duì wàiyǔ hěn gǎn xìngqù. ➡ 나는 외국어에 매우 흥미가 있다.

4 Wǒ duì liàolǐ hěn gǎn xìngqù. ➡ 나는 요리에 매우 흥미가 있다.

5 Wǒ duì gōngzuò hěn gǎn xìngqù. ➡ 나는 일에 매우 흥미가 있다.

6 Wǒ duì chāhuā hěn gǎn xìngqù. ➡ 나는 꽃꽂이에 매우 흥미가 있다.

Plus 어휘

음주 扎啤 zhāpí 명 생맥주 | 酒鬼 jiǔguǐ 명 술고래 | 干杯 gānbēi 동 건배하다 | 醉 zuì 동 취하다

▶ 다음 중국어에 맞게 성조를 표시하며 말해보세요.

1 我 对 数 学 很 感 兴 趣 。

2 我 对 理 财 很 感 兴 趣 。

3 我 对 外 语 很 感 兴 趣 。

4 我 对 料 理 很 感 兴 趣 。

5 我 对 工 作 很 感 兴 趣 。

6 我 对 插 花 很 感 兴 趣 。

Plus 어휘

음주 酒家 jiǔjiā 몡 술집 | 扎啤店 zhāpídiàn 몡 호프집 | 路边摊 lùbiāntān 몡 포장마차

1 다음 한자에 맞는 병음을 써 보세요.

❶ 商店 ➡ ______________________

❷ 爱人 ➡ ______________________

❸ 同事 ➡ ______________________

❹ 钥匙 ➡ ______________________

❺ 帽子 ➡ ______________________

❻ 小偷 ➡ ______________________

2 아래 문장에서 병음은 한자를 한자는 병음을 적으세요.

❶ 他在超市买牛肉。 ➡ ______________________

❷ Wǒ bǎ yàoshi wàng le. ➡ ______________________

❸ Qián bèi xiǎotōu tōu zǒu le. ➡ ______________________

❹ 我对外语很感兴趣。 ➡ ______________________

답안 1. ① shāngdiàn ② àiren ③ tóngshì ④ yàoshi ⑤ màozi ⑥ xiǎotōu
2. ① Tā zài chāoshì mǎi niúròu. ② 我把钥匙忘了。③ 钱被小偷偷走了。④ Wǒ duì wàiyǔ hěn
gǎn xìngqù.

3 다음 오른쪽에 있는 의미를 참고하여 빈칸에 알맞은 단어를 쓰세요.

❶ 他 ________ 食堂吃面条。 　　　　　그는 식당에서 국수를 먹는다.

❷ Wǒ ________ tóngshì yìqǐ qù chūchāi. 나는 동료와 같이 출장 간다.

❸ 나는 ________ 고쳤다. 　　　　　　Wǒ bǎ diànshì xiū le.

❹ 我 ________ 宠物咬伤了。 　　　　　나는 애완동물한테 물렸다.

4 다음 한국어 문장을 중국어 문장으로 만들어 보세요.

❶ 그는 상점에서 옷을 산다. ➡ ______________________

❷ 나는 휴대전화를 잃어버렸다. ➡ ______________________

❸ 나는 상사에게 꾸지람을 받았다. ➡ ______________________

❹ 나는 일에 매우 흥미가 있다. ➡ ______________________

답안 3. ① 在 ② gēn ③ 텔레비전을 ④ 被
4. ① 他在商店买衣服。② 我把手机丢了。③ 我被上司批评了。④ 我对工作很感兴趣。

07장

질문을 만드는
의문사와 의문대사!

A 아니면 B A还是B / A는 B를 ~않나요 A不是B吗 / 누구 谁 / 어느 哪 / 어디 哪儿 / 무엇, 어떤 什么 / 왜 为什么 / 어떻게 怎么 / 어떠하다 怎么样 / 언제 什么时候 / 얼마나 多少 / 몇 几

1단계	의문사, 의문대사의 의미를 파악한다.
2단계	의문사, 의문대사의 위치를 익힌다.
3단계	의문대사와 함께 자주 쓰이는 구문을 하나로 묶어 익힌다.
4단계	의문대사를 실생활에 사용해 본다.

32 A还是B

喝红茶　　홍차를 마시다
hē hóngchá

还是喝红茶?　　아니면 홍차를 마실래요?
Háishi hē hóngchá?

喝咖啡还是喝红茶?　　커피를 마실래요, 아니면 홍차를 마실래요?
Hē kāfēi háishi hē hóngchá?

你喝咖啡还是喝红茶?　　당신은 커피를 마실래요, 아니면 홍차를 마실래요?
Nǐ hē kāfēi háishi hē hóngchá?

단어 喝 hē 图 마시다 | 红茶 hóngchá 圆 홍차 | 还是 háishi 图 ~아니면 | 咖啡 kāfēi 圆 커피
你 nǐ 団 너, 당신

속사정

접속사 **还是**는 'A 아니면 B' 형식으로 의문문을 만드는 접속사 중 하나이다.
두 가지 중 하나를 선택해야 할 때 쓰이며, 다른 의문사와 함께 쓰일 수 없다.

속풀이

	A조건		B조건
你	喝咖啡	还是	喝红茶?
주어	동사 + 목적어	의문 접속사	동사 + 목적어

你穿裤子还是穿裙子?

Nǐ chuān kùzi háishi chuān qúnzi?

당신은 바지를 입을래요, 아니면 치마를 입을래요?

穿 chuān 통 입다 | 裤子 kùzi 명 바지 | 裙子 qúnzi 명 치마

你吃米饭还是吃面条?

Nǐ chī mǐfàn háishi chī miàntiáo?

당신은 쌀밥을 먹을래요, 아니면 국수를 먹을래요?

吃 chī 통 먹다 | 米饭 mǐfàn 명 쌀밥 | 面条 miàntiáo 명 국수

你去北京还是去美国?

Nǐ qù Běijīng háishi qù Měiguó?

당신은 북경에 갈래요, 아니면 미국에 갈래요?

去 qù 통 가다 | 北京 Běijīng 명 북경 | 美国 Měiguó 명 미국

你坐汽车还是坐地铁?

Nǐ zuò qìchē háishi zuò dìtiě?

당신은 자동차를 탈래요, 아니면 지하철을 탈래요?

坐 zuò 통 타다 | 汽车 qìchē 명 자동차 | 地铁 dìtiě 명 지하철

你有姐姐还是有哥哥?

Nǐ yǒu jiějie háishi yǒu gēge?

당신은 누나가 있나요, 아니면 형이 있나요?

有 yǒu 통 있다 | 姐姐 jiějie 명 누나, 언니 | 哥哥 gēge 명 형, 오빠

你学汉语还是学英语?

Nǐ xué Hànyǔ háishi xué Yīngyǔ?

당신은 중국어를 배울래요, 아니면 영어를 배울래요?

学 xué 통 배우다 | 汉语 Hànyǔ 명 중국어 | 英语 Yīngyǔ 명 영어

▶ 다음 내용을 보고 중국어를 생각하며 말해보세요.

1 Nǐ chuān kùzi háishi chuān qúnzi?
➡ 당신은 바지를 입을래요, 아니면 치마를 입을래요?

2 Nǐ chī mǐfàn háishi chī miàntiáo?
➡ 당신은 쌀밥을 먹을래요, 아니면 국수를 먹을래요?

3 Nǐ qù Běijīng háishi qù Měiguó?
➡ 당신은 북경에 갈래요, 아니면 미국에 갈래요?

4 Nǐ zuò qìchē háishi zuò dìtiě?
➡ 당신은 자동차를 탈래요, 아니면 지하철을 탈래요?

5 Nǐ yǒu jiějie háishi yǒu gēge?
➡ 당신은 누나가 있나요, 아니면 형이 있나요?

6 Nǐ xué Hànyǔ háishi xué Yīngyǔ?
➡ 당신은 중국어를 배울래요, 아니면 영어를 배울래요?

Plus 어휘

쇼핑 电视购物 diànshì gòuwù TV 홈쇼핑 | 网上购物 wǎngshàng gòuwù 온라인 쇼핑 | 退货 tuìhuò 통 반품하다 | 交换 jiāohuàn 통 교환하다

▶ 다음 중국어에 맞게 성조를 표시하며 말해보세요.

1 你穿裤子还是穿裙子？

2 你吃米饭还是吃面条？

3 你去北京还是去美国？

4 你坐汽车还是坐地铁？

5 你有姐姐还是有哥哥？

6 你学汉语还是学英语？

Plus 어휘

쇼핑 打折 dǎzhé 동 할인(하다) | 发票 fāpiào 명 영수증 | 零钱 língqián 명 잔돈 | 送货 sònghuò 동 (상품을) 배달하다 | 免费送货 miǎnfèi sònghuò 무료 배송 | 还钱 huán qián 환불하다

33 A不是B吗

学习汉语   중국어를 배우다
xuéxí Hànyǔ

学习汉语吗?   중국어를 배우나요?
Xuéxí Hànyǔ ma?

不是学习汉语吗?   중국어를 배우지 않나요?
Bú shì xuéxí Hànyǔ ma?

你不是学习汉语吗?   당신은 중국어를 배우지 않나요?
Nǐ bú shì xuéxí Hànyǔ ma?

단어  学习 xuéxí 동 배우다 | 汉语 Hànyǔ 명 중국어 | 吗 ma 조 ~인가 | 不是 bú shì ~아니다
你 nǐ 대 너, 당신

속사정

A不是B吗는 'A는 B를 ~않나요'란 의미로 의문문을 만드는 방법 중 하나이다.
상대에게 내용을 확인할 때 종종 쓰인다.

속풀이

你 不 是 学习汉语 吗?
주어 / 부정부사 / 동사 / 동사 + 목적어 / 의문조사

你不是认识老板吗? 당신은 사장을 알고 있지 않나요?
Nǐ bú shì rènshi lǎobǎn ma?

认识 rènshi 통 알다 | 老板 lǎobǎn 명 사장

你不是认识汉字吗? 당신은 한자를 알지 않나요?
Nǐ bú shì rènshi Hànzì ma?

汉字 Hànzì 명 한자

你不是喜欢棒球吗? 당신은 야구를 좋아하지 않나요?
Nǐ bú shì xǐhuan bàngqiú ma?

喜欢 xǐhuan 통 좋아하다 | 棒球 bàngqiú 명 야구

你不是买了礼物吗? 당신은 선물을 사지 않았나요?
Nǐ bú shì mǎi le lǐwù ma?

买 mǎi 통 사다 | 了 le 조 완료를 나타내는 조사 | 礼物 lǐwù 명 선물

你不是听了传言吗? 당신은 소문을 듣지 않았나요?
Nǐ bú shì tīng le chuányán ma?

听 tīng 통 듣다 | 传言 chuányán 명 소문

你不是吃了蛋糕吗? 당신은 케이크를 먹지 않았나요?
Nǐ bú shì chī le dàngāo ma?

蛋糕 dàngāo 명 케이크

▶ 다음 내용을 보고 중국어를 생각하며 말해보세요.

1 Nǐ bú shì rènshi lǎobǎn ma? ➡ 당신은 사장을 알고 있지 않나요?

2 Nǐ bú shì rènshi Hànzì ma? ➡ 당신은 한자를 알지 않나요?

3 Nǐ bú shì xǐhuan bàngqiú ma? ➡ 당신은 야구를 좋아하지 않나요?

4 Nǐ bú shì mǎi le lǐwù ma? ➡ 당신은 선물을 사지 않았나요?

5 Nǐ bú shì tīng le chuányán ma? ➡ 당신은 소문을 듣지 않았나요?

6 Nǐ bú shì chī le dàngāo ma? ➡ 당신은 케이크를 먹지 않았나요?

Plus 어휘

요리 방법 煮 zhǔ 동 익히다 | 蒸 zhēng 동 찌다 | 炖 dùn 동 삶다 | 烤 kǎo 동 굽다 | 炸 zhá 동 튀기다 | 煎 jiān 동 지지다, 부치다 | 炒 chǎo 동 볶다

▶ 다음 중국어에 맞게 성조를 표시하며 말해보세요.

1 你不是认识老板吗？

2 你不是认识汉字吗？

3 你不是喜欢棒球吗？

4 你不是买了礼物吗？

5 你不是听了传言吗？

6 你不是吃了蛋糕吗？

Plus 어휘

요리 재료 | 胡椒 hújiāo 명 후추 | 盐 yán 명 소금 | 糖 táng 명 설탕 | 食用油 shíyòngyóu 명 식용유 | 醋 cù 명 식초 | 酱油 jiàngyóu 명 간장

34 谁

谁 누구
shéi

是谁 누구인가요
shì shéi

人是谁? 사람은 누구인가요?
Rén shì shéi?

说汉语的人是谁? 중국어를 말하는 사람은 누구인가요?
Shuō Hànyǔ de rén shì shéi?

단어 谁 shéi 대 누구 | 是 shì 동 ～이다 | 人 rén 명 사람 | 说 shuō 동 말하다
汉语 Hànyǔ 명 중국어 | 的 de 조 ～의 것

속사정

谁의 의미는 '누구'이며, 사람을 물을 때 쓰이는 의문대사로 의문문을 만들 수 있다.
다른 의문조사는 함께 쓰이지 않는다.

속풀이

说汉语的	人	是	谁?
관형어(수식어)	주어	동사	의문대사

你左边的人是谁? 당신 왼쪽에 있는 사람은 누구인가요?
Nǐ zuǒbian de rén shì shéi?

左边 zuǒbian 명 왼쪽

教韩语的人是谁? 한국어를 가르치는 사람은 누구인가요?
Jiào Hányǔ de rén shì shéi?

教 jiào 동 가르치다 | 韩语 Hányǔ 명 한국어

跟你玩的人是谁? 당신과 놀은 사람은 누구인가요?
Gēn nǐ wán de rén shì shéi?

跟 gēn 전 ～와, 과 | 玩 wán 동 놀다

生孩子的人是谁? 아이를 낳은 사람은 누구인가요?
Shēng háizi de rén shì shéi?

生 shēng 동 낳다 | 孩子 háizi 명 아이

交资料的人是谁? 자료를 제출한 사람은 누구인가요?
Jiāo zīliào de rén shì shéi?

交 jiāo 동 제출하다, 건네다 | 资料 zīliào 명 자료

说秘密的人是谁? 비밀을 말한 사람은 누구인가요?
Shuō mìmì de rén shì shéi?

秘密 mìmì 명 비밀

▶ 다음 내용을 보고 중국어를 생각하며 말해보세요.

1 Nǐ zuǒbian de rén shì shéi? ➡ 당신 왼쪽에 있는 사람은 누구인가요?

2 Jiāo Hànyǔ de rén shì shéi? ➡ 한국어를 가르치는 사람은 누구인가요?

3 Gēn nǐ wán de rén shì shéi? ➡ 당신과 놀은 사람은 누구인가요?

4 Shēng háizi de rén shì shéi? ➡ 아이를 낳은 사람은 누구인가요?

5 Jiāo zīliào de rén shì shéi? ➡ 자료를 제출한 사람은 누구인가요?

6 Shuō mìmì de rén shì shéi? ➡ 비밀을 말한 사람은 누구인가요?

Plus 어휘

날씨 台风 táifēng 명 태풍 | 阵雨 zhènyǔ 명 소나기 | 暴雨 bàoyǔ 명 폭우 | 大雪 dàxuě 명 대설

▶ 다음 중국어에 맞게 성조를 표시하며 말해보세요.

1 你 左 边 的 人 是 谁？

2 教 韩 语 的 人 是 谁？

3 跟 你 玩 的 人 是 谁？

4 生 孩 子 的 人 是 谁？

5 交 资 料 的 人 是 谁？

6 说 秘 密 的 人 是 谁？

Plus 어휘

날씨 毛毛雨 máomaoyǔ 명 가랑비 | 梅雨 méiyǔ 명 장마 | 雾 wù 명 안개

35 哪

人　사람
rén

哪国人　어느 나라사람
nǎ guó rén

是哪国人　어느 나라사람인가요
shì nǎ guó rén

你的爸爸是哪国人?　당신 아빠는 어느 나라사람인가요?
Nǐ de bàba shì nǎ guó rén?

단어　人 rén 명 사람 | 哪 nǎ 대 어느 | 国 guó 명 나라 | 是 shì 동 ~이다 | 你 nǐ 대 너, 당신
的 de 조 ~의 | 爸爸 bàba 명 아빠

속사정

哪의 의미는 '어느', '어떤'으로, 의문문을 만들 수 있는 의문대사이다.
다른 의문조사는 함께 쓰이지 않는다.

속풀이

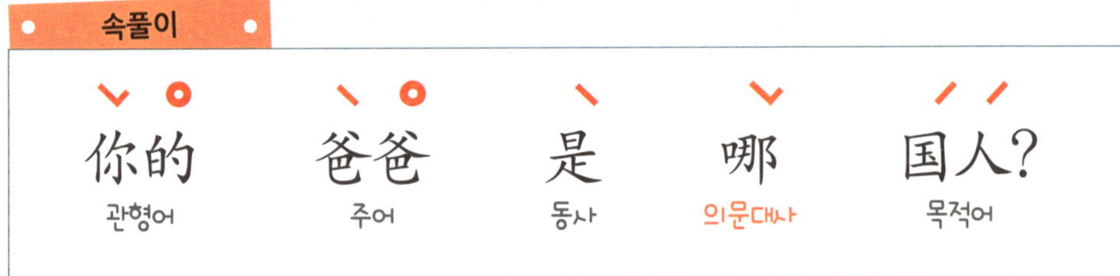

你喝的咖啡是**哪**个?　당신이 마신 커피는 어느 것인가요?
Nǐ hē de kāfēi shì nǎ ge?

喝 hē 동 마시다 | 咖啡 kāfēi 명 커피

你拿走的包是**哪**个?　당신이 가지고 간 가방은 어느 것인가요?
Nǐ názǒu de bāo shì nǎ ge?

拿走 názǒu 동 가지고 가다 | 包 bāo 명 가방

你看的小说是**哪**个?　당신이 본 소설은 어느 것인가요?
Nǐ kàn de xiǎoshuō shì nǎ ge?

看 kàn 동 보다 | 小说 xiǎoshuō 명 소설

你养的宠物是**哪**个?　당신이 기르던 애완동물은 어느 것인가요?
Nǐ yǎng de chǒngwù shì nǎ ge?

养 yǎng 동 기르다 | 宠物 chǒngwù 명 애완동물

你爱的娃娃是**哪**个?　당신이 좋아하는 인형은 어느 것인가요?
Nǐ ài de wáwa shì nǎ ge?

爱 ài 동 좋아하다, 사랑하다 | 娃娃 wáwa 명 인형

你修的电脑是**哪**个?　당신이 수리한 컴퓨터는 어느 것인가요?
Nǐ xiū de diànnǎo shì nǎ ge?

修 xiū 동 수리하다 | 电脑 diànnǎo 명 컴퓨터

▶ 다음 내용을 보고 중국어를 생각하며 말해보세요.

1 Nǐ hē de kāfēi shì nǎ ge?

➡ 당신이 마신 커피는 어느 것인가요?

2 Nǐ názǒu de bāo shì nǎ ge?

➡ 당신이 가지고 간 가방은 어느 것인가요?

3 Nǐ kàn de xiǎoshuō shì nǎ ge?

➡ 당신이 본 소설은 어느 것인가요?

4 Nǐ yǎng de chǒngwù shì nǎ ge?

➡ 당신이 기르던 애완동물은 어느 것인가요?

5 Nǐ ài de wáwa shì nǎ ge?

➡ 당신이 좋아하는 인형은 어느 것인가요?

6 Nǐ xiū de diànnǎo shì nǎ ge?

➡ 당신이 수리한 컴퓨터는 어느 것인가요?

Plus 어휘

금융 换钱 huànqián 동 환전하다 | 兑换 duìhuàn 동 화폐로 교환하다 | 借款 jièkuǎn 동 돈을 빌려주다 | 贷款 dàikuǎn 동 대출하다 | 还款 huánkuǎn 동 돌려주다, 상환하다

▶ 다음 중국어에 맞게 성조를 표시하며 말해보세요.

☐☐☐☐☐☐☐☐
1 你喝的咖啡是哪个？

☐☐☐☐☐☐☐☐
2 你拿走的包是哪个？

☐☐☐☐☐☐☐☐
3 你看的小说是哪个？

☐☐☐☐☐☐☐☐
4 你养的宠物是哪个？

☐☐☐☐☐☐☐☐
5 你爱的娃娃是哪个？

☐☐☐☐☐☐☐☐
6 你修的电脑是哪个？

Plus 어휘

금융 股价 gǔjià 몡 주가 | 股票 gǔpiào 몡 주식 | 年金 niánjīn 몡 연금 | 保险 bǎoxiǎn 몡 보험

36 哪儿

어디

哪儿 어디
nǎr

在哪儿 어디에 있나요
zài nǎr

公司在哪儿? 회사는 어디에 있나요?
Gōngsī zài nǎr?

你的公司在哪儿? 당신의 회사는 어디에 있나요?
Nǐ de gōngsī zài nǎr?

단어 哪儿 nǎr 대 어디 | 在 zài 동 ～에 있다 | 公司 gōngsī 명 회사 | 你 nǐ 대 너, 당신
的 de 조 ～의

속사정

哪儿의 의미는 '어디'이며, 장소를 물을 때 쓰이는 의문대사로 의문문을 만들 수 있다.
다른 의문조사는 함께 쓰이지 않는다.

속풀이

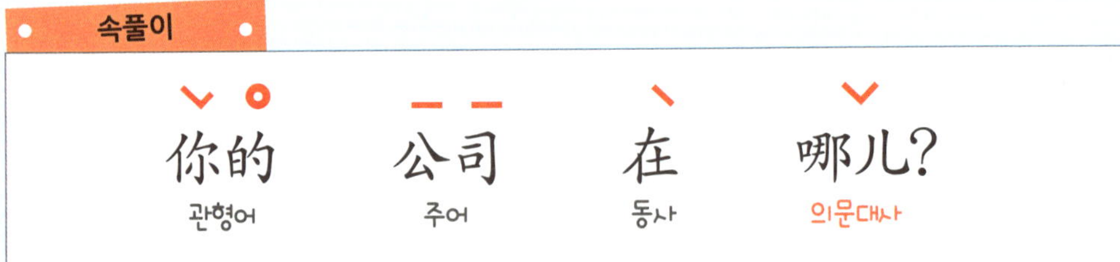

你的学校在**哪儿**? 당신의 학교는 어디에 있나요?
Nǐ de xuéxiào zài nǎr?

学校 xuéxiào 몡 학교

百货商店在**哪儿**? 백화점은 어디에 있나요?
Bǎihuò shāngdiàn zài nǎr?

百货商店 bǎihuò shāngdiàn 몡 백화점

十字路口在**哪儿**? 사거리는 어디에 있나요?
Shízì lùkǒu zài nǎr?

十字路口 shízì lùkǒu 몡 사거리

你在**哪儿**吃晚饭? 당신은 어디에서 저녁 밥을 먹나요?
Nǐ zài nǎr chī wǎnfàn?

晚饭 wǎnfàn 몡 저녁 밥

你在**哪儿**洗衣服? 당신은 어디에서 옷을 빠나요?
Nǐ zài nǎr xǐ yīfu?

洗 xǐ 동 빨다, 씻다 | 衣服 yīfu 몡 옷

你在**哪儿**见朋友? 당신은 어디에서 친구를 만나나요?
Nǐ zài nǎr jiàn péngyou?

见 jiàn 동 만나다 | 朋友 péngyou 몡 친구

▶ 다음 내용을 보고 중국어를 생각하며 말해보세요.

1   Nǐ de xuéxiào zài nǎr? ➡ 당신의 학교는 어디에 있나요?

2   Bǎihuò shāngdiàn zài nǎr? ➡ 백화점은 어디에 있나요?

3   Shízì lùkǒu zài nǎr? ➡ 사거리는 어디에 있나요?

4   Nǐ zài nǎr chī wǎnfàn? ➡ 당신은 어디에서 저녁 밥을 먹나요?

5   Nǐ zài nǎr xǐ yīfu? ➡ 당신은 어디에서 옷을 빠나요?

6   Nǐ zài nǎr jiàn péngyou? ➡ 당신은 어디에서 친구를 만나나요?

Plus 어휘

식사 도구 餐刀 cāndāo 몡 나이프 | 叉子 chāzi 몡 양식용 포크 | 匙子 chízi 몡 숟가락, 스푼 | 筷子 kuàizi 몡 젓가락 | 杯子 bēizi 몡 컵

▶ 다음 중국어에 맞게 성조를 표시하며 말해보세요.

1 你的学校在哪儿?

2 百货商店在哪儿?

3 十字路口在哪儿?

4 你在哪儿吃晚饭?

5 你在哪儿洗衣服?

6 你在哪儿见朋友?

Plus 어휘

계산 请客 qǐngkè 한턱 내다 | AA制 AA zhì 더치페이 하다 | 账单 zhàngdān 명 계산서 | 打包 dǎbāo 동 싸가다

37 什么
무엇, 어떤

名字　이름
míngzi

什么名字?　이름이 무엇인가요?
shénme míngzi?

叫什么名字?　이름을 뭐라고 부르나요?
Jiào shénme míngzi?

你叫什么名字?　당신의 이름은 무엇인가요?
Nǐ jiào shénme míngzi?

단어 **名字** míngzi 몡 이름 | **什么** shénme 때 무엇, 어떤 | **叫** jiào 통 부르다 | **你** nǐ 때 너, 당신

속사정

什么의 의미는 '무엇'이며, 어떠한 것을 물을 때 쓰이는 의문대사로 의문문을 만들 수 있다.
다른 의문조사는 함께 쓰이지 않는다.

속풀이

你买**什么**鞋子?　당신은 어떤 신발을 사나요?
Nǐ mǎi shénme xiézi?

买 mǎi 통 사다 | 鞋子 xiézi 명 신발

你吃**什么**饼干?　당신은 무슨 과자를 먹나요?
Nǐ chī shénme bǐnggān?

吃 chī 통 먹다 | 饼干 bǐnggān 명 과자

你要**什么**资料?　당신은 무슨 자료가 필요하나요?
Nǐ yào shénme zīliào?

要 yào 통 필요하다 | 资料 zīliào 명 자료

你看**什么**电影?　당신은 어떤 영화를 보나요?
Nǐ kàn shénme diànyǐng?

看 kàn 통 보다 | 电影 diànyǐng 명 영화

你喜欢**什么**菜?　당신은 무슨 요리를 좋아하나요?
Nǐ xǐhuan shénme cài?

喜欢 xǐhuan 통 좋아하다 | 菜 cài 명 요리

你准备**什么**事?　당신은 어떤 일을 준비하나요?
Nǐ zhǔnbèi shénme shì?

准备 zhǔnbèi 통 준비하다 | 事 shì 명 일

▶ 다음 내용을 보고 중국어를 생각하며 말해보세요.

1 Nǐ mǎi shénme xiézi? ➡ 당신은 어떤 신발을 사나요?

2 Nǐ chī shénme bǐnggān? ➡ 당신은 무슨 과자를 먹나요?

3 Nǐ yào shénme zīliào? ➡ 당신은 무슨 자료가 필요하나요?

4 Nǐ kàn shénme diànyǐng? ➡ 당신은 어떤 영화를 보나요?

5 Nǐ xǐhuan shénme cài? ➡ 당신은 무슨 요리를 좋아하나요?

6 Nǐ zhǔnbèi shénme shì? ➡ 당신은 어떤 일을 준비하나요?

Plus 어휘

집 门口儿 ménkǒur 명 현관 | 住房 zhùfáng 명 거실 | 屋子 wūzi 명 방 | 厨房 chúfáng 명 부엌 | 阳台 yángtái 명 베란다

▶ 다음 중국어에 맞게 성조를 표시하며 말해보세요.

$\square\square\square\square\square\square$

1 你买什么鞋子？

$\square\square\square\square\square\square$

2 你吃什么饼干？

$\square\square\square\square\square\square$

3 你要什么资料？

$\square\square\square\square\square\square$

4 你看什么电影？

$\square\square\square\square\square\square$

5 你喜欢什么菜？

$\square\square\square\square\square\square$

6 你准备什么事？

Plus 어휘

가구 饭桌 fànzhuō 명 식탁 | 床 chuáng 명 침대 | 书架 shūjià 명 책꽂이

38 为什么

喜欢　좋아하다
xǐhuan

为什么喜欢?　왜 좋아하나요?
Wèishénme xǐhuan?

你为什么喜欢?　당신은 왜 좋아하나요?
Nǐ wèishénme xǐhuan?

你为什么不喜欢?　당신은 왜 좋아하지 않나요?
Nǐ wèishénme bù xǐhuan?

단어 喜欢 xǐhuan 통 좋아하다 | 为什么 wèishénme 대 왜 | 你 nǐ 대 너, 당신
不 bù 부 ~이 아니다

속사정

为什么의 의미는 '왜'로 이유를 물을 때 쓰이는 의문대사이며 의문문을 만들 수 있다.
다른 의문조사는 함께 쓰이지 않는다.

속풀이

你	为什么	喜欢?
주어	의문대사	동사

你**为什么**迟到?　당신은 왜 지각을 하나요?
Nǐ wèishénme chídào?

迟到 chídào 동 지각하다

你**为什么**不来?　당신은 왜 오지 않나요?
Nǐ wèishénme bù lái?

不 bù 부 ~이 아니다 | 来 lái 동 오다

你**为什么**难过?　당신은 왜 괴로워하나요?
Nǐ wèishénme nánguò?

难过 nánguò 형 괴롭다, 슬프다

你**为什么**嘲笑?　당신은 왜 비웃나요?
Nǐ wèishénme cháoxiào?

嘲笑 cháoxiào 동 비웃다

你**为什么**高兴?　당신은 왜 기뻐 하나요?
Nǐ wèishénme gāoxìng?

高兴 gāoxing 동 좋아하다

你**为什么**赚钱?　당신은 왜 돈을 버나요?
Nǐ wèishénme zhuànqián?

赚钱 zhuànqián 동 돈을 벌다

▶ 다음 내용을 보고 중국어를 생각하며 말해보세요.

1   Nǐ wèishénme chídào? ➡ 당신은 왜 지각을 하나요?

2   Nǐ wèishénme bù lái? ➡ 당신은 왜 오지 않나요?

3   Nǐ wèishénme nánguò? ➡ 당신은 왜 괴로워하나요?

4   Nǐ wèishénme cháoxiào? ➡ 당신은 왜 비웃나요?

5   Nǐ wèishénme gāoxìng? ➡ 당신은 왜 기뻐 하나요?

6   Nǐ wèishénme zhuànqián? ➡ 당신은 왜 돈을 버나요?

Plus 어휘

신체구조-얼굴) 脸 liǎn 명 얼굴 | 头 tóu 명 머리 | 额头 étou 명 이마 | 眉 méi 명 눈썹 | 眼睛 yǎnjing 명 눈 |
睫毛 jiémáo 명 속눈썹

▶ 다음 중국어에 맞게 성조를 표시하며 말해보세요.

1 你为什么迟到？

2 你为什么不来？

3 你为什么难过？

4 你为什么嘲笑？

5 你为什么高兴？

6 你为什么赚钱？

Plus 어휘

신체구조-얼굴 双眼皮 shuāngyǎnpí 몡 쌍꺼풀 | 鼻子 bízi 몡 코 | 嘴唇 zuǐchún 몡 입술 | 嘴 zuǐ 몡 입술 |
耳朵 ěrduo 몡 귀 | 下巴 xiàba 몡 턱

怎么

어떻게

走　가다
zǒu

怎么走?　어떻게 가나요?
Zěnme zǒu?

星巴克怎么走?　스타벅스는 어떻게 가나요?
Xīngbākè zěnme zǒu?

단어 走 zǒu 통 걷다 | 怎么 zěnme 대 어떻게 | 星巴克 Xīngbākè 명 스타벅스

속사정

怎么의 의미는 '왜', '어떻게'로, 방법을 물을 때 쓰이는 의문대사이며 의문문을 만들 수 있다.
다른 의문조사는 함께 쓰이지 않는다.

속풀이

星巴克　怎么　走?
주어　의문대사　동사

这个字怎么写? 이 글자는 어떻게 쓰나요?
Zhè ge zì zěnme xiě?

字 zì 몡 글자 | 写 xiě 통 쓰다

这个字怎么读? 이 글자는 어떻게 읽나요?
Zhè ge zì zěnme dú?

读 dú 통 읽다

这道菜怎么吃? 이 요리는 어떻게 먹나요?
Zhè dào cài zěnme chī?

道 dào 양 종류 | 菜 cài 몡 요리 | 吃 chī 통 먹다

这道菜怎么做? 이 요리는 어떻게 하나요?
Zhè dào cài zěnme zuò?

做 zuò 통 하다, 만들다

这件事怎么办? 이 일은 어떻게 처리하나요?
Zhè jiàn shì zěnme bàn?

件 jiàn 양 건 | 事 shì 몡 일 | 办 bàn 통 처리하다

这个包怎么卖? 이 가방은 어떻게 파나요?
Zhè ge bāo zěnme mài?

包 bāo 몡 가방 | 卖 mài 통 팔다

▶ 다음 내용을 보고 중국어를 생각하며 말해보세요.

1 **Zhè ge zì zěnme xiě?** ➡ 이 글자는 어떻게 쓰나요?

2 **Zhè ge zì zěnme dú?** ➡ 이 글자는 어떻게 읽나요?

3 **Zhè dào cài zěnme chī?** ➡ 이 요리는 어떻게 먹나요?

4 **Zhè dào cài zěnme zuò?** ➡ 이 요리는 어떻게 하나요?

5 **Zhè jiàn shì zěnme bàn?** ➡ 이 일은 어떻게 처리하나요?

6 **Zhè ge bāo zěnme mài?** ➡ 이 가방은 어떻게 파나요?

Plus 어휘

신체구조-몸 脖子 bózi 명 목 | 肩膀 jiānbǎng 명 어깨 | 胳膊 gēbo 명 팔 | 手 shǒu 명 손 | 手指 shǒuzhǐ 명 손가락 | 腰 yāo 명 허리

▶ 다음 중국어에 맞게 성조를 표시하며 말해보세요.

1 这个字怎么写？

2 这个字怎么读？

3 这道菜怎么吃？

4 这道菜怎么做？

5 这件事怎么办？

6 这个包怎么卖？

Plus 어휘

신체구조-몸 肚子 dùzi 몡 배 | 屁股 pìgu 몡 엉덩이 | 腿 tuǐ 몡 다리 | 膝盖 xīgài 몡 무릎 | 足 zú 몡 발 | 脚趾 jiǎozhǐ 몡 발가락

40 怎么样

怎么样　어때요
zěnmeyàng

衣服怎么样?　옷이 어때요?
Yīfu zěnmeyàng?

这件衣服怎么样?　이 옷 어때요?
Zhè jiàn yīfu zěnmeyàng?

단어 怎么样 zěnmeyàng 대 어떠하다 | 衣服 yīfu 명 옷 | 件 jiàn 양 벌 | 这 zhè 대 이, 이것

속사정

怎么样은 '어떠하다'로, 상대방의 의견을 물을 때 쓰이는 의문대사이며 의문문을 만들 수 있다. 다른 의문조사는 함께 쓰이지 않는다.

속풀이

这件衣服　　怎么样?
지시대사 + 양사 + 명사　　의문대사
주어

你的身体怎么样?   당신 건강은 어때요?
Nǐ de shēntǐ zěnmeyàng?

身体 shēntǐ 명 건강, 몸

他的简报怎么样?   그의 브리핑은 어때요?
Tā de jiǎnbào zěnmeyàng?

简报 jiǎnbào 명 브리핑

今天天气怎么样?   오늘 날씨는 어때요?
Jīntiān tiānqì zěnmeyàng?

今天 jīntiān 명 오늘 | 天气 tiānqì 명 날씨

那家公司怎么样?   그 회사는 어떤가요?
Nà jiā gōngsī zěnmeyàng?

家 jiā 양 회사, 상점을 세는 양사 | 公司 gōngsī 명 회사

他的性格怎么样?   그의 성격은 어때요?
Tā de xìnggé zěnmeyàng?

性格 xìnggé 명 성격

菜的味道怎么样?   음식 맛은 어때요?
Cài de wèidao zěnmeyàng?

菜 cài 명 요리 | 的 de 조 ~의, 것 | 味道 wèidao 명 맛

▶ 다음 내용을 보고 중국어를 생각하며 말해보세요.

1 Nǐ de shēntǐ zěnmeyàng? ➡ 당신 건강은 어때요?

2 Tā de jiǎnbào zěnmeyàng? ➡ 그의 브리핑은 어때요?

3 Jīntiān tiānqì zěnmeyàng? ➡ 오늘 날씨는 어때요?

4 Nà jiā gōngsī zěnmeyàng? ➡ 그 회사는 어떤가요?

5 Tā de xìnggé zěnmeyàng? ➡ 그의 성격은 어때요?

6 Cài de wèidao zěnmeyàng? ➡ 음식 맛은 어때요?

Plus 어휘

복장 连衣裙 liányīqún 명 원피스 | T恤衫 T xùshān 명 티셔츠 | 衬衫 chènshān 명 와이셔츠 | 西服 xīfú 명 양복

▶ 다음 중국어에 맞게 성조를 표시하며 말해보세요.

1 你 的 身 体 怎 么 样 ?

2 他 的 简 报 怎 么 样 ?

3 今 天 天 气 怎 么 样 ?

4 那 家 公 司 怎 么 样 ?

5 他 的 性 格 怎 么 样 ?

6 菜 的 味 道 怎 么 样 ?

Plus 어휘

복장 袜子 wàzi 명 양말 | 长袜 chángwà 명 스타킹 | 领带 lǐngdài 명 넥타이 | 腰带 yāodài 명 벨트

41 什么时候

中国 중국
Zhōngguó

来中国 중국에 오다
lái Zhōngguó

什么时候来中国? 언제 중국에 왔나요?
Shénme shíhou lái Zhōngguó?

你什么时候来中国? 당신은 언제 중국에 왔나요?
Nǐ shénme shíhou lái Zhōngguó?

단어 **中国** Zhōngguó 명 중국 | **来** lái 동 오다 | **什么时候** shénme shíhou 대 언제
你 nǐ 대 너, 당신

속사정

什么时候는 '언제'라는 의미로, 시간 또는 때를 물을 때 쓰이는 의문대사이며
의문문을 만들 수 있다. 다른 의문조사는 함께 쓰이지 않는다.

속풀이

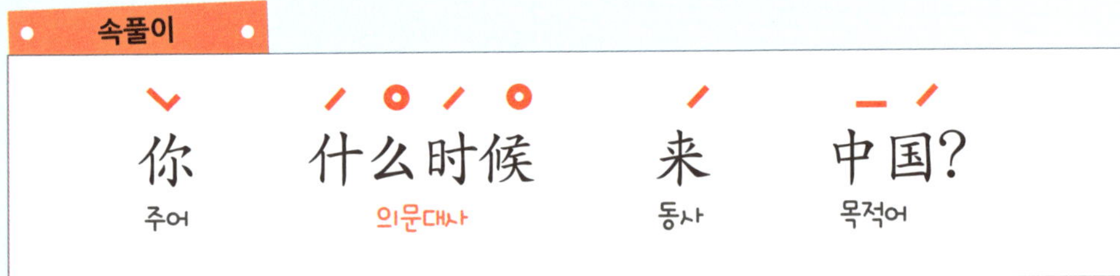

你**什么时候**去留学? 당신은 언제 유학을 가나요?
Nǐ shénme shíhou qù liúwué?

去 qù 동 가다 | 留学 liúxué 동 유학하다

你**什么时候**见朋友? 당신은 언제 친구를 만나요?
Nǐ shénme shíhou jiàn péngyou?

见 jiàn 동 만나다 | 朋友 péngyou 명 친구

你**什么时候**有时间? 당신은 언제 시간이 있나요?
Nǐ shénme shíhou yǒu shíjiān?

有 yǒu 동 있다 | 时间 shíjiān 명 시간

我们**什么时候**开会? 우리는 언제 회의를 시작하나요?
Wǒmen shénme shíhou kāihuì?

我们 wǒmen 대 우리 | 开会 kāihuì 동 회의를 하다

飞机**什么时候**起飞? 비행기는 언제 이륙하나요?
Fēijī shénme shíhou qǐfēi?

飞机 fēijī 명 비행기 | 起飞 qǐfēi 동 이륙하다

姐姐**什么时候**毕业? 언니는 언제 졸업하나요?
Jiějie shénme shíhou bìyè?

姐姐 jiějie 명 언니, 누나 | 毕业 bìyè 동 졸업하다

▶ 다음 내용을 보고 중국어를 생각하며 말해보세요.

1 Nǐ shénme shíhou qù liúwué? ➡ 당신은 언제 유학을 가나요?

2 Nǐ shénme shíhou jiàn péngyou? ➡ 당신은 언제 친구를 만나요?

3 Nǐ shénme shíhou yǒu shíjiān? ➡ 당신은 언제 시간이 있나요?

4 Wǒmen shénme shíhou kāihuì? ➡ 우리는 언제 회의를 시작하나요?

5 Fēijī shénme shíhou qǐfēi? ➡ 비행기는 언제 이륙하나요?

6 Jiějie shénme shíhou bìyè? ➡ 언니는 언제 졸업하나요?

Plus 어휘

화장품 化妆品 huàzhuāngpǐn 명 화장품 | 化妆水 huàzhuāngshuǐ 명 스킨 | 乳液 rǔyè 명 로션 | 眼霜 yǎnshuāng 명 아이크림 | 营养蜜 yíngyǎngmì 명 영양크림

▶ 다음 중국어에 맞게 성조를 표시하며 말해보세요.

1 你什么时候去留学？

2 你什么时候见朋友？

3 你什么时候有时间？

4 我们什么时候开会？

5 飞机什么时候起飞？

6 姐姐什么时候毕业？

Plus 어휘

화장품 防晒霜 fángshàishuāng 몡 썬크림 | 粉底液 fěndǐyè 몡 파운데이션 | 粉饼 fěnbǐng 몡 파우더 | 眼影 yǎnyǐng 몡 아이섀도 | 睫毛膏 jiémáogāo 몡 마스카라 | 口红 kǒuhóng 몡 립스틱

多少

얼마나

钱　돈
qián

多少钱?　얼마인가요?
Duōshao qián?

苹果多少钱?　사과는 얼마인가요?
Píngguǒ duōshao qián?

这个苹果多少钱?　이 사과는 얼마인가요?
Zhè ge píngguǒ duōshao qián?

단어 钱 qián 명 돈 | 多少 duōshao 대 얼마 | 苹果 píngguǒ 명 사과 | 这 zhè 대 이, 이것
个 gè 양 개

속사정

多少는 '얼마', '몇'으로, 수량을 물을 때 쓰이는 의문대사이며 의문문을 만들 수 있다.
多少는 10 이상의 숫자를 물어보거나, 가격을 물을 때 쓰이며, 다른 의문조사는 함께 쓰이지 않
는다.

속풀이

这个苹果	多少	钱?
지시대사 + 양사 + 명사	의문대사	목적어
주어		

这个一斤**多少**钱?　이거 500g에 얼마에요?
Zhè ge yì jīn duōshao qián?

斤 jīn 양 500g

你的教室**多少**度?　당신의 교실은 몇 도 인가요?
Nǐ de jiàoshì duōshao dù?

教室 jiàoshì 명 교실 | 度 dù 명 온도

公司里有**多少**人?　회사에 사람이 얼마나 있나요?
Gōngsīli yǒu duōshao rén?

公司 gōngsī 명 회사 | 有 yǒu 동 있다 | 人 rén 명 사람

一共花了**多少**钱?　모두 얼마를 사용했나요?
Yígòng huā le duōshao qián?

一共 yígòng 부 모두 | 花 huā 동 소비하다, 쓰다 | 钱 qián 명 돈

电话号码是**多少**?　전화번호가 몇 번 인가요?
Diànhuà hàomǎ shì duōshao?

电话 diànhuà 명 전화 | 号码 hàomǎ 명 번호

你有**多少**个鞋子?　당신은 신발이 몇 개 있나요?
Nǐ yǒu duōshao ge xiézi?

鞋子 xiézi 명 신발

▶ 다음 내용을 보고 중국어를 생각하며 말해보세요.

1 Zhè ge yì jīn duōshao qián? ➡ 이거 500g에 얼마에요?

2 Nǐ de jiàoshì duōshao dù? ➡ 당신의 교실은 몇 도 인가요?

3 Gōngsīli yǒu duōshao rén? ➡ 회사에 사람이 얼마나 있나요?

4 Yígòng huā le duōshao qián? ➡ 모두 얼마를 사용했나요?

5 Diànhuà hàomǎ shì duōshao? ➡ 전화번호가 몇 번 인가요?

6 Nǐ yǒu duōshao ge xiézi? ➡ 당신은 신발이 몇 개 있나요?

Plus 어휘

십이간지 鼠 shǔ 명 쥐 | 牛 niú 명 소 | 虎 hǔ 명 호랑이 | 兔 tù 명 토끼 | 龙 lóng 명 용 | 蛇 shé 명 뱀

▶ 다음 중국어에 맞게 성조를 표시하며 말해보세요.

1 这个一斤多少钱？

2 你的教室多少度？

3 公司里有多少人？

4 一共花了多少钱？

5 电话号码是多少？

6 你有多少个鞋子？

Plus 어휘

십이간지 马 mǎ 명 말 | 羊 yáng 명 양 | 猴 hóu 명 원숭이 | 鸡 jī 명 닭 | 狗 gǒu 명 개 | 猪 zhū 명 돼지

43 几
몇

人 사람
rén

几口人? 몇 명인가요?
Jǐ kǒu rén?

有几口人? 몇 명이 있나요?
Yǒu jǐ kǒu rén?

你家有几口人? 당신의 식구는 몇 명인가요?
Nǐ jiā yǒu jǐ kǒu rén?

단어 人 rén 명 사람 | 几 jǐ 대 몇 | 口 kǒu 양 식구 | 有 yǒu 동 있다 | 你 nǐ 대 너, 당신

속사정

几는 '몇'으로, 수량을 물을 때 쓰이는 의문대사이며 의문문을 만들 수 있다.
几는 10 이하의 숫자, 시간, 요일을 물을 때 쓰이며, 다른 의문조사는 함께 쓰이지 않는다.

속풀이

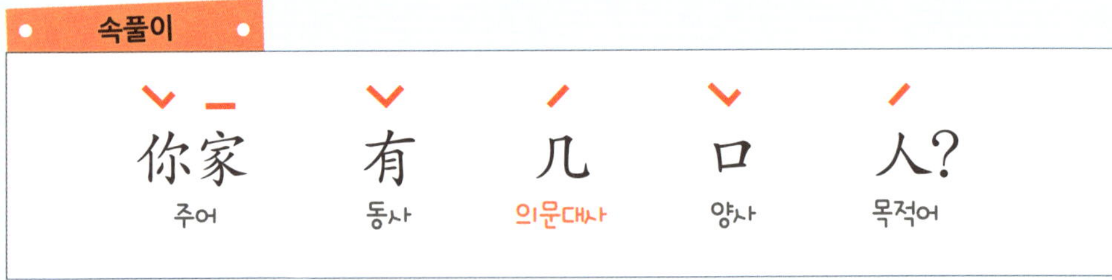

你买了**几**个包? 당신은 가방을 몇 개 샀나요?
Nǐ mǎi le jǐ ge bāo?

买 mǎi 동 사다 | 包 bāo 명 가방

大后天星期**几**? 글피는 몇 요일인가요?
Dàhòutiān xīngqī jǐ?

大后天 dàhòutiān 명 글피 | 星期 xīngqī 명 요일

这个楼有**几**层? 이 건물은 몇 층인가요?
Zhè ge lóu yǒu jǐ céng?

这 zhè 대 이, 이것 | 个 gè 양 개 | 楼 lóu 명 건물 | 层 céng 양 층

今天**几**月**几**号? 오늘은 몇 월 며칠인가요?
Jīntiān jǐ yuè jǐ hào?

今天 jīntiān 명 오늘 | 月 yuè 명 월 | 号 hào 명 일

现在中午**几**点? 지금은 오후 몇 시인가요?
Xiànzài zhōngwǔ jǐ diǎn?

现在 xiànzài 명 현재 | 中午 zhōngwǔ 명 오후 | 点 diǎn 양 시간

明天有**几**门课? 내일은 몇 과목이 있나요?
Míngtiān yǒu jǐ mén kè?

明天 míngtiān 명 내일 | 门 mén 양 가지, 과목 | 课 kè 명 과목

▶ 다음 내용을 보고 중국어를 생각하며 말해보세요.

1 Nǐ mǎi le jǐ ge bāo? ➡ 당신은 가방을 몇 개 샀나요?

2 Dàhòutiān xīngqī jǐ? ➡ 글피는 몇 요일인가요?

3 Zhè ge lóu yǒu jǐ céng? ➡ 이 건물은 몇 층인가요?

4 Jīntiān jǐ yuè jǐ hào? ➡ 오늘은 몇 월 며칠인가요?

5 Xiànzài zhōngwǔ jǐ diǎn? ➡ 지금은 오후 몇 시인가요?

6 Míngtiān yǒu jǐ mén kè? ➡ 내일은 몇 과목이 있나요?

Plus 어휘

미용 打扮 dǎban 동 치장하다, 단장하다 | 染 rǎn 동 염색하다 | 吹风 chuīfēng 동 드라이하다 | 烫发 tàngfà 동 파마하다 | 剪 jiǎn 동 자르다

▶ 다음 중국어에 맞게 성조를 표시하며 말해보세요.

1 你买了几个包?

2 大后天星期几?

3 这个楼有几层?

4 今天几月几号?

5 现在中午几点?

6 明天有几门课?

Plus 어휘

맛 | 味道 wèidao 명 맛 | 酸 suān 형 시다 | 辣 là 형 맵다 | 咸 xián 형 짜다 | 甜 tián 형 달다 | 苦 kǔ 형 쓰다 | 淡 dàn 형 싱겁다

1 다음 한자에 맞는 병음을 써 보세요.

❶ 认识 ➡ ____________________

❷ 孩子 ➡ ____________________

❸ 宠物 ➡ ____________________

❹ 晚饭 ➡ ____________________

❺ 迟到 ➡ ____________________

❻ 身体 ➡ ____________________

2 아래 문장에서 병음은 한자를 한자는 병음을 적으세요.

❶ 你不是认识老板吗? ➡ ____________________

❷ Nǐ zài nǎr chī wǎnfàn? ➡ ____________________

❸ Nǐ xǐhuan shénme cài? ➡ ____________________

❹ 今天几月几号? ➡ ____________________

답안 1. ① rènshi ② háizi ③ chǒngwù ④ wǎnfàn ⑤ chídào ⑥ shēntǐ
2. ① Nǐ bú shì rènshi lǎobǎn ma? ② 你在哪儿吃晚饭? ③ 你喜欢什么菜? ④ Jīntiān jǐ yuè jǐ hào?

3 다음 오른쪽에 있는 의미를 참고하여 빈칸에 알맞은 단어를 쓰세요.

❶ 教韩语的人是   ?   당신 왼쪽에 있는 사람은 누구인가요?

❷ Shízì lùkǒu zài   ?   사거리는 어디인가요?

❸ 스타벅스는   가나요?   **Xīngbākè zěnme qù?**

❹ 你   有时间?   당신은 언제 시간이 있나요?

4 다음 한국어 문장을 중국어 문장으로 만들어 보세요.

❶ 당신은 북경에 가실래요, 아니면 미국에 가실래요? ➡ ____________________

❷ 당신의 이름은 무엇인가요? ➡ ____________________

❸ 오늘 날씨는 어때요? ➡ ____________________

❹ 이거 500g에 얼마에요? ➡ ____________________

답안 3. ① 谁 ② nǎr ③ 어떻게 ④ 什么时候
4. ① 你去北京还是去美国? ② 你叫什么名字? ③ 今天天气怎么样? ④ 这个一斤多少钱?

08장

문장의 시간, 동작의 상태와 반복을 나타내는 부사!

자주, 항상 常常 / 또, 더욱 还 / 다시, 재차 再 / 또, 다시 又 / 매우 很 / 매우 ~하다, 너무 ~하다 太…了 / (지금) ~을 하고 있다 正在…呢 / 이미, 벌써 已经…了

학습방법 ●

1단계 부사의 의미를 익힌다.

2단계 부사의 의미가 문장에서 나타내는 기능을 파악한다.

3단계 부사의 위치와 쓰임을 익힌다.

4단계 부사와 같이 쓰이는 조사를 함께 익힌다.

44 常常

下雨　비가 온다
xiàyǔ

常常下雨　비가 자주 온다
chángcháng xiàyǔ

这儿常常下雨。　이곳에는 비가 자주 온다.
Zhèr chángcháng xiàyǔ.

这儿常常不下雨。　이곳에는 비가 자주 오지 않는다.
Zhèr chángcháng bú xiàyǔ.

단어 下雨 xiàyǔ 동 비가 온다 | 常常 chángcháng 부 자주 | 这儿 zhèr 대 여기
不 bù 부 ~이 아니다

속사정

부사는 동사나 형용사 술어 앞에 쓰여 술어를 수식하는 품사로, 문장에서 동작이나 행위의 상태,
시간, 정도 등을 나타낸다.
常常은 동작의 발생 빈도를 나타내는 부사로, '자주', '항상'이라는 뜻으로 쓰인다.
부사가 있는 문장에서 부정문은 부정부사 **不**를 술어 앞에 쓴다.

속풀이

这儿	常常	下雨。
주어	부사	술어

老板**常常**迟到。　사장이 자주 지각한다.
Lǎobǎn chángcháng chídào.

> 老板 lǎobǎn 몡 사장 | 迟到 chídào 됭 지각하다

妻子**常常**唠叨。　아내가 자주 잔소리를 한다.
Qīzi chángcháng láodao.

> 妻子 qīzi 몡 아내 | 唠叨 láodao 됭 잔소리하다

阿姨**常常**生气。　아주머니가 자주 화를 낸다.
Āyí chángcháng shēngqì.

> 阿姨 āyí 몡 아주머니 | 生气 shēngqì 됭 화내다

职员**常常**请假。　직원이 자주 휴가를 낸다.
Zhíyuán chángcháng qǐngjià.

> 职员 zhíyuán 몡 직원 | 请假 qǐngjià 됭 휴가를 내다

我们**常常**吵架。　우리는 자주 싸운다.
Wǒmen chángcháng chǎojià.

> 我们 wǒmen 데 우리 | 吵架 chǎojià 됭 말다툼하다

饭店**常常**关门。　식당이 자주 문을 닫는다.
Fàndiàn chángcháng guānmén.

> 饭店 fàndiàn 몡 식당 | 关门 guānmén 됭 문을 닫다

▶ 다음 내용을 보고 중국어를 생각하며 말해보세요.

1 Lǎobǎn chángcháng chídào. ➡ 사장이 자주 지각한다.

2 Qīzi chángcháng láodao. ➡ 아내가 자주 잔소리를 한다.

3 Āyí chángcháng shēngqì. ➡ 아주머니가 자주 화를 낸다.

4 Zhíyuán chángcháng qǐngjià. ➡ 직원이 자주 휴가를 낸다.

5 Wǒmen chángcháng chǎojià. ➡ 우리는 자주 싸운다.

6 Fàndiàn chángcháng guānmén. ➡ 식당이 자주 문을 닫는다.

Plus 어휘

청소 垃圾 lājī 명 쓰레기 | 灰尘 huīchén 명 먼지 | 扫 sǎo 동 쓸다 | 擦 cā 동 닦다 | 垃圾箱 lājīxiāng 명 휴지통 | 分类处理 fēnlèi chǔlǐ 분리 수거

▶ 다음 중국어에 맞게 성조를 표시하며 말해보세요.

1 老板常常迟到。

2 妻子常常唠叨。

3 阿姨常常生气。

4 职员常常请假。

5 我们常常吵架。

6 饭店常常关门。

Plus 어휘

청소 橡皮手套 xiàngpí shǒutào 명 고무장갑 | 手洗 shǒuxǐ 손빨래를 하다 | 干洗 gānxǐ 동 드라이클리닝을 하다

45 还

吃东西　음식을 먹다
chī dōngxi

要吃东西　음식을 먹으려고 한다
yào chī dōngxi

还要吃东西　음식을 또 먹으려고 한다
hái yào chī dōngxi

我还要吃东西。　나는 음식을 또 먹으려고 한다.
Wǒ hái yào chī dōngxi.

단어 吃 chī 동 먹다 | 东西 dōngxi 명 먹을 것, 물건 | 要 yào 지명 ~하려고 하다 | 还 hái 부 또 | 我 wǒ 대 나

속사정

还 hái는 현재의 동작 또는 상태가 변화 없이 지속되는 빈도를 나타내는 부사이며,
'또', '더'라는 뜻으로 쓰인다.
이 밖에도 동작이나 상태가 지속됨을 나타내는 의미의 '아직', '여전히'라는 뜻도 있다.
还는 huán으로도 읽을 수 있는데, 이 때에는 '(물건을) 돌려주다', '(돈을) 갚다'라는 뜻으로
쓰인다.

속풀이

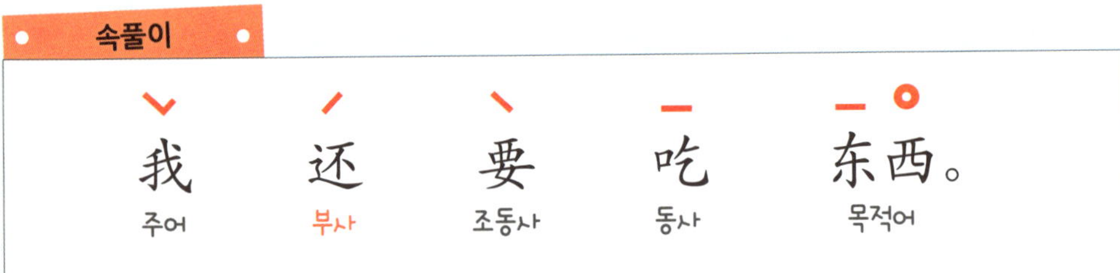

깡그리 문장패턴

我**还**想去日本。　나는 일본에 또 가고 싶다.
Wǒ hái xiǎng qù Rìběn.

想 xiǎng 조동 ~하고 싶다 | 去 qù 동 가다 | 日本 Rìběn 명 일본

我**还**想见爱人。　나는 남편이 또 보고 싶다.
Wǒ hái xiǎng jiàn àiren.

见 jiàn 동 만나다 | 爱人 àiren 명 남편 또는 아내

我**还**要穿衣服。　나는 옷을 더 입으려고 한다.
Wǒ hái yào chuān yīfu.

要 yào 조동 ~하려고 하다 | 穿 chuān 동 입다 | 衣服 yīfu 명 옷

我**还**要点一份。　나는 1인분 더 주문하려고 한다.
Wǒ hái yào diǎn yífèn.

点 diǎn 동 주문하다 | 一份 yífèn 명 한 사람 몫

我**还**要喝啤酒。　나는 맥주를 더 마시려고 한다.
Wǒ hái yào hē píjiǔ.

喝 hē 동 마시다 | 啤酒 píjiǔ 명 맥주

我**还**有一个事。　나는 아직 일이 더 있다.
Wǒ hái yǒu yí ge shì.

有 yǒu 동 있다 | 个 gè 양 개 | 事 shì 명 일

▶ 다음 내용을 보고 중국어를 생각하며 말해보세요.

1 Wǒ hái xiǎng qù Rìběn. ➡ 나는 일본에 또 가고 싶다.

2 Wǒ hái xiǎng jiàn àiren. ➡ 나는 남편이 또 보고 싶다.

3 Wǒ hái yào chuān yīfu. ➡ 나는 옷을 더 입으려고 한다.

4 Wǒ hái yào diǎn yífèn. ➡ 나는 1인분을 더 주문하려고 한다.

5 Wǒ hái yào hē píjiǔ. ➡ 나는 맥주를 더 마시려고 한다.

6 Wǒ hái yǒu yí ge shì. ➡ 나는 아직 일이 더 있다.

Plus 어휘

음식 盒饭 héfàn 몡 도시락 | 乌冬面 wūdōngmiàn 몡 우동 | 冷面 lěngmiàn 몡 냉면 | 意大利面 yìdàlìmiàn 몡 스파게티 | 咖喱 gālí 몡 카레

▶ 다음 중국어에 맞게 성조를 표시하며 말해보세요.

1 我还想去日本。

2 我还想见爱人。

3 我还要穿衣服。

4 我还要点一份。

5 我还要喝啤酒。

6 我还有一个事。

Plus 어휘

패스트푸드점 必胜客 Bìshèngkè 피자헛 | 乐天利 Lètiānlì 롯데리아 | 肯德基 Kěndéjī KFC | 汉堡王 Hànbǎowáng 버거킹 | 麦当劳 Màidāngláo 맥도날드

46 再

다시, 재차

见面　만나다
jiànmiàn

再见面。　다시 만나다.
Zài jiànmiàn

明天再见面。　내일 다시 만나다.
Míngtiān zài jiànmiàn.

단어　见面 jiànmiàn 동 만나다 | 再 zài 부 다시 | 明天 míngtiān 명 내일

속사정

再는 어떤 일이 아직 발생하지 않은 미래에 반복되거나 진행됨을 나타내는 부사로 어떠한 일을 청하거나 명령할 때 자주 쓰이며, '다시', '재차'라는 뜻으로 쓰인다.

속풀이

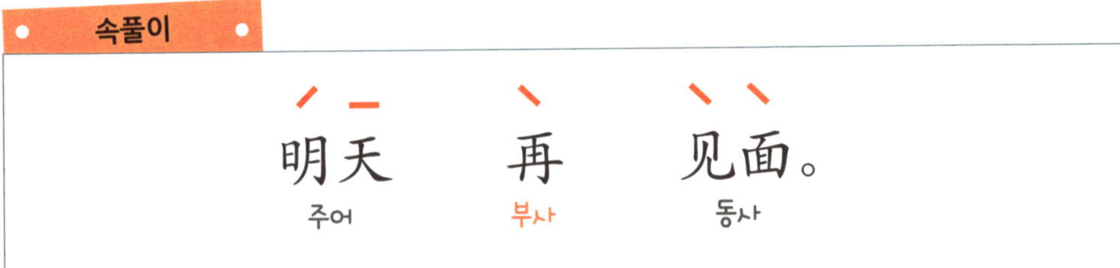

明天再来吧。　내일 다시 오세요.
Míngtiān zài lái ba.

来 lái 동 오다 | 吧 ba 조 문장 끝에 쓰여 어기를 나타내는 조사

以后再联系。　이후에 다시 연락해요.
Yǐhòu zài liánxì.

以后 yǐhòu 명 이후 | 联系 liánxì 동 연락하다

他再找工作。　그는 다시 일을 찾는다.
Tā zài zhǎo gōngzuò.

找 zhǎo 동 찾다 | 工作 gōngzuò 명 일

请再说一遍。　다시 한 번 말해주세요.
Qǐng zài shuō yí biàn.

请 qǐng 상대에게 어떤 일을 부탁할때 쓰는 겸어 | 说 shuō 동 말하다 | 遍 biàn 양 번, 회(동작의 횟수를 세는 양사)

再来一碗饭。　밥 한 그릇 더 주세요.
Zài lái yì wǎn fàn.

碗 wǎn 양 공기, 사발(그릇을 세는 양사) | 饭 fàn 명 밥

再商量一下。　다시 한 번 상의하세요.
Zài shāngliang yíxià.

商量 shāngliang 동 상의하다 | 一下 yíxià 양 한번

▶ 다음 내용을 보고 중국어를 생각하며 말해보세요.

1 Míngtiān zài lái ba. ➡ 내일 다시 오세요.

2 Yǐhòu zài liánxì. ➡ 이후에 다시 연락해요.

3 Tā zài zhǎo gōngzuò. ➡ 그는 다시 일을 찾는다.

4 Qǐng zài shuō yí biàn. ➡ 다시 한 번 말해주세요.

5 Zài lái yì wǎn fàn. ➡ 밥 한 그릇 더 주세요.

6 Zài shāngliang yíxià. ➡ 다시 한 번 상의하세요.

Plus 어휘

질병 感冒 gǎnmào 동 감기 걸리다 | 咳嗽 késou 동 기침하다 | 头疼 tóuténg 동 머리가 아프다 | 鼻涕 bítì 명 콧물

▶ 다음 중국어에 맞게 성조를 표시하며 말해보세요.

1 明天再来吧。

2 以后再联系。

3 他再找工作。

4 请再说一遍。

5 再来一碗饭。

6 再商量一下。

Plus 어휘

질병 牙疼 yáténg 동 이가 아프다 | 恶心 ěxin 동 속이 메스껍다 | 发烧 fāshāo 동 열이 나다 | 高血压 gāoxuèyā 명 고혈압

47 又

또, 다시

见面　만나다
jiànmiàn

又见面了。　또 만났다.
Yòu jiànmiàn le.

昨天又见面了。　어제 또 만났다.
Zuótiān yòu jiànmiàn le.

속사정

又는 이미 발생했던 일이 반복되었거나 중복됨을 나타내는 부사이며, '또', '다시'라는 뜻이다.
과거에 이미 발생한 사건을 나타내기 때문에 완료를 나타내는 조사 了와 자주 함께 쓰인다.

속풀이

깡그리 문장패턴

妈妈又睡觉了。
Māma yòu shuìjiào le.

엄마는 또 잔다.

妈妈 māma 몡 엄마 | 睡觉 shuìjiào 통 자다

妈妈又做饭了。
Māma yòu zuòfàn le.

엄마는 또 밥을 했다.

做饭 zuòfàn 통 밥을 하다

爸爸又喝醉了。
Bàba yòu hē zuì le.

아빠는 또 술에 취했다.

爸爸 bàba 몡 아빠 | 喝醉 hē zuì 술을 마셔 취하다

孩子又生病了。
Háizi yòu shēngbìng le.

아이는 또 병이 났다.

孩子 háizi 몡 어린아이 | 生病 shēngbìng 통 병이 나다

姐姐又失恋了。
Jiějie yòu shīliàn le.

언니는 또 실연을 했다.

姐姐 jiějie 몡 누나, 언니 | 失恋 shīliàn 통 실연하다

弟弟又摔倒了。
Dìdi yòu shuāidǎo le.

남동생이 또 넘어졌다.

弟弟 dìdi 몡 남동생 | 摔倒 shuāidǎo 통 넘어지다

▶ 다음 내용을 보고 중국어를 생각하며 말해보세요.

1　Māma yòu shuìjiào le.　➡　엄마는 또 잔다.

2　Māma yòu zuòfàn le.　➡　엄마는 또 밥을 했다.

3　Bàba yòu hē zuì le.　➡　아빠는 또 술에 취했다.

4　Háizi yòu shēngbìng le.　➡　아이는 또 병이 났다.

5　Jiějie yòu shīliàn le.　➡　언니는 또 실연을 했다.

6　Dìdi yòu shuāidǎo le.　➡　남동생이 또 넘어졌다.

Plus 어휘

병원 病人 bìngrén 명 환자 | 医生 yīshēng 명 의사 | 护士 hùshi 명 간호사 | 药师 yàoshī 명 약사

▶ 다음 중국어에 맞게 성조를 표시하며 말해보세요.

1 妈 妈 又 睡 觉 了 。

2 妈 妈 又 做 饭 了 。

3 爸 爸 又 喝 醉 了 。

4 孩 子 又 生 病 了 。

5 姐 姐 又 失 恋 了 。

6 弟 弟 又 摔 倒 了 。

Plus 어휘

병원 看病 kàbìng 통 진찰하다 | 手术 shǒushù 명 수술 | 住院 zhùyuàn 통 입원하다 | 出院 chūyuàn 통 퇴원하다

48 很

매우

动物　동물
dòngwù

喜欢动物　동물을 좋아한다
xǐhuan dòngwù

很喜欢动物　동물을 매우 좋아한다
hěn xǐhuan dòngwù

我很喜欢动物。　나는 동물을 매우 좋아한다.
Wǒ hěn xǐhuan dòngwù.

단어 动物 dòngwù 명 동물 | 喜欢 xǐhuan 동 좋아하다 | 很 hěn 부 매우 | 我 wǒ 대 나

속사정

很은 형용사술어 앞에 쓰여 형용사의 정도를 나타내는 부사로, '매우'라는 뜻이다.
형용사 외에 위의 예문처럼 심리작용을 나타내는 동사 앞에 놓여 정도를 나타내기도 한다.

속풀이

我**很**喜欢棒球。　나는 야구를 매우 좋아한다.
Wǒ hěn xǐhuan bàngqiú.

棒球 bàngqiú 명 야구

这孩子**很**聪明。　이 아이는 매우 총명하다.
Zhè háizi hěn cōngming.

这 zhè 대 이, 이것 | 孩子 háizi 명 어린아이 | 聪明 cōngming 형 총명하다

今天天气**很**热。　오늘 날씨가 매우 덥다.
Jīntiān tiānqì hěn rè.

今天 jīntiān 명 오늘 | 天气 tiānqì 명 날씨 | 热 rè 형 덥다

中国菜**很**好吃。　중국요리가 매우 맛있다.
Zhōngguó cài hěn hǎochī.

菜 cài 명 요리 | 好吃 hǎochī 형 맛있다

这个人**很**懒惰。　이 사람은 매우 게으르다.
Zhè ge rén hěn lǎnduò.

人 rén 명 사람 | 懒惰 lǎnduò 형 게으르다

男朋友**很**热情。　남자친구가 매우 다정하다.
Nánpéngyou hěn rèqíng.

男朋友 nánpéngyou 명 남자친구 | 热情 rèqíng 형 다정 다감하다

▶ 다음 내용을 보고 중국어를 생각하며 말해보세요.

1 **Wǒ hěn xǐhuan bàngqiú.** ➡ 나는 야구를 매우 좋아한다.

2 **Zhè háizi hěn cōngming.** ➡ 이 아이는 매우 총명하다.

3 **Jīntiān tiānqì hěn rè.** ➡ 오늘 날씨가 매우 덥다.

4 **Zhōngguó cài hěn hǎochī.** ➡ 중국요리가 매우 맛있다.

5 **Zhè ge rén hěn lǎnduò.** ➡ 이 사람은 매우 게으르다.

6 **Nánpéngyou hěn rèqíng.** ➡ 남자친구가 매우 다정하다.

Plus 어휘

택배 速递 sùdì 명 택배 | 箱子 xiāngzi 명 상자 | 包装 bāozhuāng 동 포장하다 | 包裹 bāoguǒ 명 소포

▶ 다음 중국어에 맞게 성조를 표시하며 말해보세요.

1 我很喜欢棒球。

2 这孩子很聪明。

3 今天天气很热。

4 中国菜很好吃。

5 这个人很懒惰。

6 男朋友很热情。

Plus 어휘

택배 寄 jì 통 보내다, 부치다 | 邮件 yóujiàn 명 우편물 | 地址 dìzhǐ 명 주소 | 航空信 hángkōngxìn 명 항공우편

49 太…了

매우 ~하다, 너무 ~하다

高　높다
gāo

太高了　매우 높다
tài gāo le

个子太高了。　키가 매우 크다.
Gèzi tài gāo le.

个子不太高。　키가 그다지 크지 않다.
Gèzi bú tài gāo.

단어 高 gāo 형 높다 | 太 tài 부 매우 | 个子 gèzi 명 키

속사정

太는 정도가 너무 지나치거나 심할 때 형용사술어 앞에 쓰여 형용사의 정도를 나타내는 부사로, 문장 끝에 了와 같이 쓰여 '매우 ~하다', '아주 ~하다'라는 뜻이다.
부정형은 不太로 '그다지 ~하지 않다'라는 의미이며, 정도가 약함을 의미한다.

속풀이

个子	太	高	了。
주어	부사	술어	조사

身材**太**胖**了**。　몸매가 너무 뚱뚱하다.
Shēncái tài pàng le.

身材 shēncái 몡 몸매 | 胖 pàng 혱 뚱뚱하다

能力**太**棒**了**。　실력이 너무 뛰어나다.
Nénglì tài bàng le.

能力 nénglì 몡 능력 | 棒 bàng 혱 훌륭하다, 뛰어나다

天气**太**冷**了**。　날씨가 너무 춥다.
Tiānqì tài lěng le.

天气 tiānqì 몡 날씨 | 冷 lěng 혱 춥다

咖啡**太**苦**了**。　커피가 너무 쓰다.
Kāfēi tài kǔ le.

咖啡 kāfēi 몡 커피 | 苦 kǔ 혱 쓰다

你**太**过分**了**。　당신은 너무 지나치다.
Nǐ tài guòfèn le.

过分 guòfèn 동 (말이나 행동이) 지나치다

他**太**热情**了**。　그는 매우 열정적이다.
Tā tài rèqíng le.

热情 rèqíng 혱 열정적이다

▶ 다음 내용을 보고 중국어를 생각하며 말해보세요.

1   Shēncái tài pàng le. ➡ 몸매가 너무 뚱뚱하다.

2   Nénglì tài bàng le. ➡ 실력이 너무 뛰어나다.

3   Tiānqì tài lěng le. ➡ 날씨가 너무 춥다.

4   Kāfēi tài kǔ le. ➡ 커피가 너무 쓰다.

5   Nǐ tài guòfèn le. ➡ 당신은 너무 지나치다.

6   Tā tài rèqíng le. ➡ 그는 매우 열정적이다.

식당 吃腻 chīnì 통 질리다 | 拿手菜 náshǒucài 가장 자신 있는 요리 | 续杯 xùbēi 리필

▶ 다음 중국어에 맞게 성조를 표시하며 말해보세요.

1 身材太胖了。

2 能力太棒了。

3 天气太冷了。

4 咖啡太苦了。

5 你太过分了。

6 他太热情了。

Plus 어휘

식당 菜单 càidān 명 메뉴 │ 买单 mǎidān 명 계산서

50 正在···呢

(지금) ~을 하고 있다

汉语 　중국어
Hànyǔ

学汉语 　중국어를 배우다
xué Hànyǔ

正在学汉语呢。　중국어를 배우고 있다.
Zhèngzài xué Hànyǔ ne.

我正在学汉语呢。　나는 중국어를 배우고 있다.
Wǒ zhèngzài xué Hànyǔ ne.

단어 汉语 Hànyǔ 몡 중국어 | 学 xué 동 배우다 | 正在 zhèngzài 부 ~을 하고 있다
呢 ne 조 문장 끝에 쓰이는 어기조사 | 我 wǒ 대 나

속사정

正在는 동사술어 앞에서 어떤 동작이 진행되고 있음을 나타내는 부사로 '(지금) ~을 하고 있다'의
의미로 쓰여 현재 진행을 의미하는 시간부사이다.
呢는 문장 끝에 쓰이며 생략 가능하다. 같은 진행을 나타내는 부사로 正, 在가 있다.

속풀이

我**正在**看漫画**呢**。　나는 (지금) 만화를 보고 있다.
Wǒ **zhèngzài** kàn mànhuà ne.

看 kàn 동 보다 | 漫画 mànhuà 명 만화

我**正在**打篮球**呢**。　나는 (지금) 농구를 하고 있다.
Wǒ **zhèngzài** dǎ lánqiú ne.

打篮球 dǎ lánqiú 농구를 하다

我**正在**写文稿**呢**。　나는 (지금) 원고를 쓰고 있다.
Wǒ **zhèngzài** xiě wéngǎo ne.

写 xiě 동 쓰다 | 文稿 wéngǎo 명 원고

我**正在**倒茶水**呢**。　나는 (지금) 찻물을 따르고 있다.
Wǒ **zhèngzài** dào cháshuǐ ne.

倒 dào 동 붓다, 따르다 | 茶水 cháshuǐ 명 찻물

我**正在**查资料**呢**。　나는 (지금) 자료를 찾고 있다.
Wǒ **zhèngzài** chá zīliào ne.

查 chá 동 찾다, 조사하다 | 资料 zīliào 명 자료

我**正在**打扫房间。　나는 (지금) 방을 청소하고 있다.
Wǒ **zhèngzài** dǎsǎo fángjiān.

打扫 dǎsǎo 동 청소하다 | 房间 fángjiān 명 방

▶ 다음 내용을 보고 중국어를 생각하며 말해보세요.

1 Wǒ zhèngzài kàn mànhuà ne. ➡ 나는 (지금) 만화를 보고 있다.

2 Wǒ zhèngzài dǎ lánqiú ne. ➡ 나는 (지금) 농구를 하고 있다.

3 Wǒ zhèngzài xiě wéngǎo ne. ➡ 나는 (지금) 원고를 쓰고 있다.

4 Wǒ zhèngzài dào cháshuǐ ne. ➡ 나는 (지금) 찻물을 따르고 있다.

5 Wǒ zhèngzài chá zīliào ne. ➡ 나는 (지금) 자료를 찾고 있다.

6 Wǒ zhèngzài dǎsǎo fángjiān. ➡ 나는 (지금) 방을 청소하고 있다.

Plus 어휘

취미 业余生活 yèyú shēnghuó 명 여가생활 | 爱好 àihào 명 취미 | 游戏 yóuxì 명 게임 | 日记 rìjì 명 일기

▶ 다음 중국어에 맞게 성조를 표시하며 말해보세요.

1 我正在看漫画呢。

2 我正在打篮球呢。

3 我正在写文稿呢。

4 我正在倒茶水呢。

5 我正在查资料呢。

6 我正在打扫房间。

Plus 어휘

취미 爬山 páshān 동 등산(하다) | 插花 chāhuā 동 꽃꽂이 하다 | 编织 biānzhī 동 뜨개질하다

51 已经…了

知道 　알다
zhīdào

已经知道了。　이미 알고 있다.
Yǐjing zhīdào le.

她已经知道了。　그녀는 이미 알고 있다.
Tā yǐjing zhīdào le.

단어 　知道 zhīdào 통 알다 | 已经 yǐjing 부 이미, 벌써 | 了 le 조 문장 끝에 쓰이는 완료 조사
她 tā 대 그녀

속사정

已经은 동사 술어 앞에서 '이미 ~했다'라는 뜻으로 어떤 동작이 종료되었음을 나타내는
시간부사이다.
이미 발생한 일을 나타내므로 완료를 나타내는 조사 了와 함께 쓰이며 了는 문장 끝에 쓰인다.

속풀이

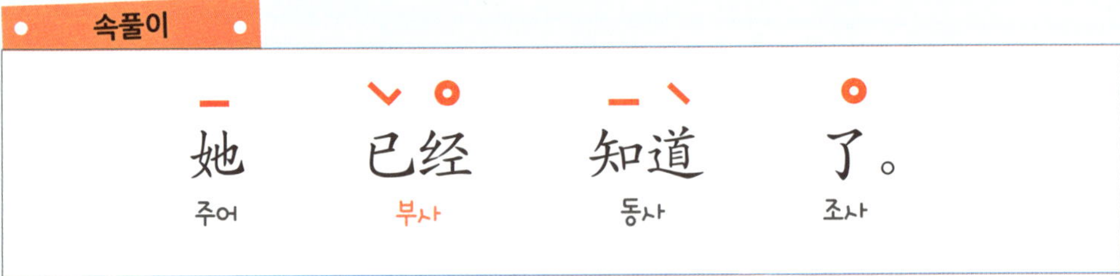

她**已经**睡觉**了**。　그녀는 이미 잤다.
Tā yǐjing shuìjiào le.

睡觉 shuìjiào 동 자다

她**已经**离开**了**。　그녀는 이미 떠났다.
Tā yǐjing líkāi le.

离开 líkāi 동 떠나다, 헤어지다

她**已经**结婚**了**。　그녀는 이미 결혼했다.
Tā yǐjing jiéhūn le.

结婚 jiéhūn 동 결혼하다

她**已经**允许**了**。　그녀는 이미 허락했다.
Tā yǐjing yǔnxǔ le.

允许 yǔnxǔ 동 허가하다

她**已经**准备**了**。　그녀는 이미 준비했다.
Tā yǐjing zhǔnbèi le.

准备 zhǔnbèi 동 준비하다

票**已经**卖光**了**。　표가 이미 매진되었다.
Piào yǐjing màiguāng le.

票 piào 명 표 ｜ 卖光 màiguāng 동 매진되다

▶ 다음 내용을 보고 중국어를 생각하며 말해보세요.

1 Tā yǐjing shuìjiào le. ➡ 그녀는 이미 잤다.

2 Tā yǐjing líkāi le. ➡ 그녀는 이미 떠났다.

3 Tā yǐjing jiéhūn le. ➡ 그녀는 이미 결혼했다.

4 Tā yǐjing yǔnxǔ le. ➡ 그녀는 이미 허락했다.

5 Tā yǐjing zhǔnbèi le. ➡ 그녀는 이미 준비했다.

6 Piào yǐjing màiguāng le. ➡ 표가 이미 매진되었다.

Plus 어휘

인터넷 上网 shàngwǎng 동 인터넷에 접속하다 | 网站 wǎngzhàn 명 웹사이트 | 因特网 yīntèwǎng 명 인터넷 | 电子邮件 diànzǐ yóujiàn 명 이메일

▶ 다음 중국어에 맞게 성조를 표시하며 말해보세요.

1 她已经睡觉了。

2 她已经离开了。

3 她已经结婚了。

4 她已经允许了。

5 她已经准备了。

6 票已经卖光了。

Plus 어휘

인터넷 电邮地址 diànyóu dìzhǐ 몡 메일 주소 | 博客 bókè 몡 블로그 | 网页 wǎngyè 몡 홈페이지 | 网络聊天 wǎngluò liáotiān 몡 채팅

1 다음 한자에 맞는 병음을 써 보세요.

❶ 迟到 ➡ _______________________

❷ 生气 ➡ _______________________

❸ 联系 ➡ _______________________

❹ 好吃 ➡ _______________________

❺ 请假 ➡ _______________________

❻ 打扫 ➡ _______________________

2 아래 문장에서 병음은 한자를 한자는 병음을 적으세요.

❶ 爸爸又喝醉了。 ➡ _______________________

❷ Jīntiān tiānqì hěn rè. ➡ _______________________

❸ Tā tài rèqíng le. ➡ _______________________

❹ 我正在打扫房间。 ➡ _______________________

답안 1. ① chídào ② shēngqì ③ liánxì ④ hǎochī ⑤ qǐngjià ⑥ dǎsǎo
2. ① Bàba yòu hē zuì le. ② 今天天气很热。 ③ 他太热情了。 ④ Wǒ zhèngzài dǎsǎo fángjiān.

3 다음 오른쪽에 있는 의미를 참고하여 빈칸에 알맞은 단어를 쓰세요.

❶ 请 　　　　　 说一遍。　　　　다시 한 번 말해주세요.

❷ Háizi 　　　　　 shēngbìng le.　　아이는 또 병이 났다.

❸ 날씨가 　　　　　 춥다.　　　　Tiānqì tài lěng le.

❹ 票 　　　　　 卖光了。　　　　표가 이미 매진되었다.

4 다음 한국어 문장을 중국어 문장으로 만들어 보세요.

❶ 나는 1인분을 더 주문하려고 한다. ➡ ______________________________

❷ 내일 다시 오세요. ➡ ______________________________

❸ 당신은 너무 지나치다. ➡ ______________________________

❹ 그녀는 이미 떠났다. ➡ ______________________________

답안 3. ① 再　② yòu　③ 너무　④ 已经
　　　4. ① 我还要点一份。② 明天再来吧。③ 你太过分了。④ 她已经离开了。

09장

나와 너, 그것과 그것을 비교할 때 쓰는 비교문!

1단계	비교문에 쓰이는 어휘를 익힌다.
2단계	비교문을 만들기 위한 문장구조를 익힌다.
3단계	부정 비교문의 의미를 익힌다.
4단계	비교문과 자주 쓰이는 어휘를 익힌다.

52 A比B

A는 B보다

大　크다
dà

中国大　중국은 크다
Zhōngguó dà

比中国大　중국보다 크다
bǐ Zhōngguó dà

美国比中国大。　미국은 중국보다 크다.
Měiguó bǐ Zhōngguó dà.

단어 大 dà 형 크다 | 中国 Zhōngguó 명 중국 | 比 bǐ 전 ~보다 | 美国 Měiguó 명 미국

속사정

평소 비교형식으로 대화를 많이 하는 경우가 있듯이, 비교문은 많은 표현을 나타낼 수 있는 문장이다. 중국어의 대표적인 비교문 문장을 알아보자.

比자문 : A + 比 + B(+ 更/还) + 형용사

A比B는 'A는 B보다 ~하다'라는 의미로, 여기서 比는 비교문을 표현하는 대표적인 전치사이다. 또한 형용사의 정도를 강조하기 위해 형용사 앞에 还(더욱)나 更(더욱)을 쓸 수 있다.
부정은 不를 比 앞에 써서 'A는 B보다 ~못하다'라는 뜻이 된다.

속풀이

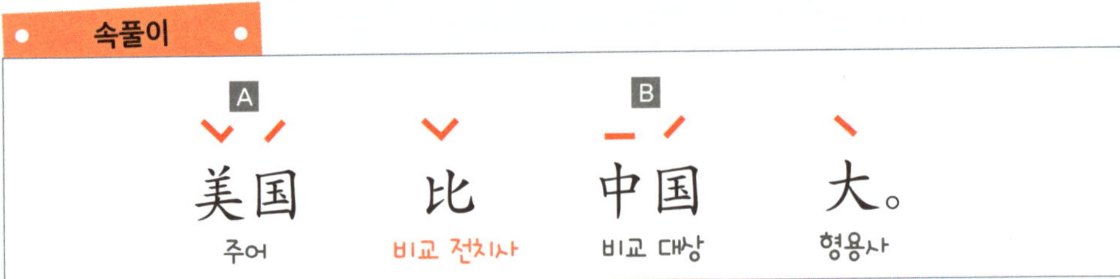

她比我更漂亮。 그녀는 나보다 훨씬 예쁘다.
Tā bǐ wǒ gèng piàoliang.

更 gèng 뭐 더욱 | 漂亮 piàoliang 혱 예쁘다

釜山比首尔远。 부산이 서울보다 멀다.
Fǔshān bǐ Shǒu'ěr yuǎn.

釜山 Fǔshān 몡 부산 | 首尔 Shǒu'ěr 몡 서울

芒果比草莓贵。 망고가 딸기보다 비싸다.
Mángguǒ bǐ cǎoméi guì.

芒果 mángguǒ 몡 망고 | 草莓 cǎoméi 몡 딸기 | 贵 guì 혱 비싸다

面包比米便宜。 빵이 쌀보다 싸다.
Miànbāo bǐ mǐ piányi.

面包 miànbāo 몡 빵 | 米 mǐ 몡 쌀 | 便宜 piányi 혱 싸다

城市比农村吵。 도시가 농촌보다 시끄럽다.
Chéngshì bǐ nóngcūn chǎo.

城市 chéngshì 몡 도시 | 农村 nóngcūn 몡 농촌 | 吵 chǎo 혱 시끄럽다

今年比去年热。 올해는 작년보다 덥다.
Jīnnián bǐ qùnián rè.

今年 jīnnián 몡 올해 | 去年 qùnián 몡 작년 | 热 rè 혱 덥다

▶ 다음 내용을 보고 중국어를 생각하며 말해보세요.

1. Tā bǐ wǒ gèng piàoliang. ➡ 그녀는 나보다 훨씬 예쁘다.

2. Fǔshān bǐ Shǒu'ěr yuǎn. ➡ 부산이 서울보다 멀다.

3. Mángguǒ bǐ cǎoméi guì. ➡ 망고가 딸기보다 비싸다.

4. Miànbāo bǐ mǐ piányi. ➡ 빵이 쌀보다 싸다.

5. Chéngshì bǐ nóngcūn chǎo. ➡ 도시가 농촌보다 시끄럽다.

6. Jīnnián bǐ qùnián rè. ➡ 올해는 작년보다 덥다.

Plus 어휘

컴퓨터 鼠标 shǔbiāo 명 마우스 | 键盘 jiànpán 명 키보드 | 软件 ruǎnjiàn 명 소프트웨어 | 硬件 yìngjiàn 명 하드웨어

▶ 다음 중국어에 맞게 성조를 표시하며 말해보세요.

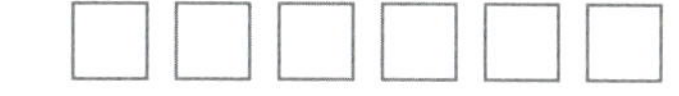

1 她比我更漂亮。

2 釜山比首尔远。

3 芒果比草莓贵。

4 面包比米便宜。

5 城市比农村吵。

6 今年比去年热。

Plus 어휘

[텔레비전] 画面 huàmiàn 명 화면 | 遥控 yáokòng 명 리모컨 | 频道 píndào 명 채널 | 广告 guǎnggào 명 광고 | 广播 guǎngbō 통 방송하다

53 A跟B一样

A는 B와 같다, A도 B처럼 ~하다

聪明　똑똑하다
cōngming

一样聪明　똑같이 똑똑하다
yíyàng cōngming

跟你一样聪明　너처럼 똑같이 똑똑하다
gēn nǐ yíyàng cōngming

我跟你一样聪明。　나도 너처럼 똑같이 똑똑하다.
Wǒ gēn nǐ yíyàng cōngming.

속사정

A跟B一样은 'A와 B는 같다' 또는 'A도 B처럼 ~하다'라는 의미로, 두 대상이 동일함을 나타낼 때 쓰는 표현이다.
一样 뒤에는 무엇이 같은지를 나타내며, 跟은 和와 바꿀 수 있다.

속풀이

我	跟	你	一样聪明
주어	비교 전치사	비교대상	형용사

我**跟**你**一样**幸福。　나도 당신처럼 행복하다.
Wǒ gēn nǐ yíyàng xìngfú.

幸福 xìngfú 형 행복하다

我**跟**你**一样**烦恼。　나도 당신처럼 고통스럽다.
Wǒ gēn nǐ yíyàng fánnǎo.

烦恼 fánnǎo 동 걱정하다

我**跟**你**一样**想去。　나도 당신처럼 가고 싶다.
Wǒ gēn nǐ yíyàng xiǎng qù.

想 xiǎng 조동 ~하고 싶다 | 去 qù 동 가다

我**跟**你**一样**吃饱。　나도 당신처럼 배부르다.
Wǒ gēn nǐ yíyàng chībǎo.

吃饱 chībǎo 배부르다

我**跟**你**一样**明白。　나도 당신처럼 이해했다.
Wǒ gēn nǐ yíyàng míngbai.

明白 míngbai 동 이해하다

我**跟**你**一样**想念。　나도 당신처럼 그립다.
Wǒ gēn nǐ yíyàng xiǎngniàn.

想念 xiǎngniàn 동 그리워하다

▶ 다음 내용을 보고 중국어를 생각하며 말해보세요.

1 Wǒ gēn nǐ yíyàng xìngfú. ➡ 나도 당신처럼 행복하다.

2 Wǒ gēn nǐ yíyàng fánnǎo. ➡ 나도 당신처럼 고통스럽다.

3 Wǒ gēn nǐ yíyàng xiǎng qù. ➡ 나도 당신처럼 가고 싶다.

4 Wǒ gēn nǐ yíyàng chībǎo. ➡ 나도 당신처럼 배부르다.

5 Wǒ gēn nǐ yíyàng míngbai. ➡ 나도 당신처럼 이해했다.

6 Wǒ gēn nǐ yíyàng xiǎngniàn. ➡ 나도 당신처럼 그립다.

Plus 어휘

생활용품 香波 xiāngbō 몡 샴푸 | 护发素 hùfàsù 몡 린스 | 洗面奶 xǐmiànnǎi 몡 폼클렌징 | 沐浴液 mùyùyè 몡 바디클렌저

▶ 다음 중국어에 맞게 성조를 표시하며 말해보세요.

1 我 跟 你 一 样 幸 福。

2 我 跟 你 一 样 烦 恼。

3 我 跟 你 一 样 想 去。

4 我 跟 你 一 样 吃 饱。

5 我 跟 你 一 样 明 白。

6 我 跟 你 一 样 想 念。

Plus 어휘

목욕 洗澡 xǐzǎo 동 목욕하다 ㅣ 淋浴 línyù 동 샤워하다 ㅣ 桑拿浴 sāngnáyù 명 사우나 ㅣ 按摩 ànmó 동 안마하
다

1 다음 한자에 맞는 병음을 써 보세요.

❶ 漂亮 ➡ _______________________

❷ 便宜 ➡ _______________________

❸ 幸福 ➡ _______________________

❹ 烦恼 ➡ _______________________

❺ 明白 ➡ _______________________

❻ 想念 ➡ _______________________

2 아래 문장에서 병음은 한자를 한자는 병음을 적으세요.

❶ 面包比米便宜。 ➡ _______________________

❷ Wǒ gēn nǐ yíyàng fánnǎo. ➡ _______________________

❸ Wǒ gēn nǐ yíyàng chībǎo. ➡ _______________________

답안 1. ① piàoliang ② piányi ③ xìngfú ④ fánnǎo ⑤ míngbai ⑥ xiǎngniàn
2. ① Miànbāo bǐ mǐ piányi. ② 我跟你一样烦恼。 ③ 我跟你一样吃饱。

❶ 她 ＿＿＿＿ 我更漂亮。　　　그녀는 나보다 훨씬 예쁘다.

❷ 我 ＿＿＿＿ 你一样想去。　　　나도 당신처럼 가고 싶다.

❸ 我跟你 ＿＿＿＿ 想念。　　　Wǒ gēn nǐ yíyàng xiǎngniàn.

4 다음 한국어 문장을 중국어 문장으로 만들어 보세요.

❶ 부산이 서울보다 멀다. ➡ ＿＿＿＿＿＿＿＿＿＿＿＿＿＿

❷ 올해는 작년보다 덥다. ➡ ＿＿＿＿＿＿＿＿＿＿＿＿＿＿

❸ 나도 당신처럼 행복하다. ➡ ＿＿＿＿＿＿＿＿＿＿＿＿＿＿

❹ 나도 당신처럼 이해했다. ➡ ＿＿＿＿＿＿＿＿＿＿＿＿＿＿

답안 3. ① 比　② 跟　③ 一样
4. ① 釜山比首尔远。② 今年比去年热。③ 我跟你一样幸福。④ 我跟你一样明白。

10장

과거, 현재를 나타내는 시제!

~을 했다 了 / ~을 하고 있다 着 / ~한 적이 있다 过

1단계 중국어의 시제를 알아본다.

2단계 시제를 나타내는 조사의 의미를 파악한다.

3단계 시제 조사의 위치를 익힌다.

4단계 시제를 넣어 경험, 완료, 진행 표현을 만들어 본다.

54 了

一顿饭 식사 한 끼
yí dùn fàn

吃了一顿饭 밥 한 끼를 먹었다
chī le yí dùn fàn

我吃了一顿饭。 나는 밥 한 끼를 먹었다.
Wǒ chī le yí dùn fàn.

我没吃一顿饭。 나는 밥 한 끼를 먹지 않았다.
Wǒ méi chī yí dùn fàn.

단어 **顿** dùn 양 끼니 | **饭** fàn 명 점심 | **吃** chī 동 먹다 | **了** le 조 완료를 나타내는 조사
我 wǒ 대 나 | **没** méi 부 不의 과거

속사정

중국어에서 시제를 나타내는 조사를 '동태조사'라고 하며, 중국어의 시제는 완료, 진행, 경험을 표현할 수 있다.
동태조사 **了**는 동작, 문장의 완료 그리고 동작의 상태 변화나 발생을 나타낼 수 있다.
이번 장에서 **了**는 동사 뒤에 쓰여 동작의 완료를 나타내는 문장을 정리하였으며, 이때 동태조사 **了**는 '과거의 완료', '현재의 완료', '미래의 완료'를 모두 나타낼 수 있다.
부정은 술어 앞에 不의 과거 **没**를 쓸 수 있으며, 이때 **了**는 생략한다.

속풀이

我	吃	了	一顿	饭。
주어	동사	완료조사	수사 + 양사	목적어

我买**了**一副手套。　나는 장갑 하나를 샀다.
Wǒ mǎi le yí fù shǒutào.

买 mǎi 동 사다 | 副 fù 양 쌍 | 手套 shǒutào 명 장갑

我读**了**一本小说。　나는 소설책 한 권을 읽었다.
Wǒ dú le yì běn xiǎoshuō.

读 dú 동 읽다 | 本 běn 양 권 | 小说 xiǎoshuō 명 소설

我买**了**一条裤子。　나는 바지 한 개를 샀다.
Wǒ mǎi le yì tiáo kùzi.

买 mǎi 동 사다 | 条 tiáo 양 벌 | 裤子 kùzi 명 바지

我写**了**一篇论文。　나는 논문 한 편을 썼다.
Wǒ xiě le yì piān lùnwén.

写 xiě 동 쓰다 | 篇 piān 양 편 | 论文 lùnwén 명 논문

我去**了**奶奶的家。　나는 할머니 집에 갔다.
Wǒ qù le nǎinai de jiā.

去 qù 동 가다 | 奶奶 nǎinai 명 할머니 | 家 jiā 명 집

我见**了**中国朋友。　나는 중국 친구를 만났다.
Wǒ jiàn le Zhōngguó péngyou.

见 jiàn 동 만나다 | 中国朋友 Zhōngguó péngyou 명 중국 친구

▶ 다음 내용을 보고 중국어를 생각하며 말해보세요.

1 Wǒ mǎi le yí fù shǒutào. ➡ 나는 장갑 하나를 샀다.

2 Wǒ dú le yì běn xiǎoshuō. ➡ 나는 소설책 한 권을 읽었다.

3 Wǒ mǎi le yì tiáo kùzi. ➡ 나는 바지 한 개를 샀다.

4 Wǒ xiě le yì piān lùnwén. ➡ 나는 논문 한 편을 썼다.

5 Wǒ qù le nǎinai de jiā. ➡ 나는 할머니 집에 갔다.

6 Wǒ jiàn le Zhōngguó péngyou. ➡ 나는 중국 친구를 만났다.

Plus 어휘

中国기차 硬座 yìngzuò 명 일반 좌석 | 软座 ruǎnzuò 명 고급 좌석(푹신한 좌석) | 卧铺 wòpù 명 침대칸 | 软卧 ruǎnwò 명 고급 침대칸 | 硬卧 yìngwò 명 일반 침대칸

▶ 다음 중국어에 맞게 성조를 표시하며 말해보세요.

1 我买了一副手套。

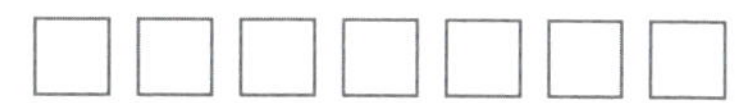

2 我读了一本小说。

3 我买了一条裤子。

4 我写了一篇论文。

5 我去了奶奶的家。

6 我见了中国朋友。

Plus 어휘

중국기차 普客 pǔkè 명 보통 열차 | 直快 zhíkuài 명 급행 열차 | 特快 tèkuài 명 특급 열차

55 着

午饭　점심
wǔfàn

做着午饭　점심을 만든다
zuò zhe wǔfàn

他做着午饭。　그는 점심을 만든다.
Tā zuò zhe wǔfàn.

他没做午饭。　그는 점심을 만들지 않았다.
Tā méi zuò wǔfàn.

단어　午饭 wǔfàn 명 점심 | 做 zuò 동 만들다 | 着 zhe 조 진행을 나타내는 조사 | 他 tā 대 그
没 méi 부 不의 과거

속사정

동태조사 **着**는 동사 뒤에 쓰여 동작의 지속, 진행을 나타낸다.
부정은 술어 앞에 **不**의 과거 **没**를 쓰며, 이때 **着**는 생략한다.

속풀이

他穿**着**大衣。　그는 외투를 입고 있다.
Tā chuān zhe dàyī.

穿 chuān 통 입다 | 大衣 dàyī 명 외투

他开**着**窗户。　그는 창문을 열고 있다.
Tā kāi zhe chuānghu.

开 kāi 통 열다 | 窗户 chuānghu 명 창문

他看**着**京剧。　그는 경극을 보고 있다.
Tā kàn zhe jīngjù.

看 kàn 통 보다 | 京剧 jīngjù 명 경극

他打**着**篮球。　그는 농구를 하고 있다.
Tā dǎ zhe lánqiú.

打 dǎ 통 치다 | 篮球 lánqiú 명 농구

他弹**着**钢琴。　그는 피아노를 치고 있다.
Tā tán zhe gāngqín.

弹 tán 통 켜다, 연주하다 | 钢琴 gāngqín 명 피아노

他背**着**书包。　그는 가방을 메고 있다.
Tā bēi zhe shūbāo.

背 bēi 통 짊어지다 | 书包 shūbāo 명 가방

▶ 다음 내용을 보고 중국어를 생각하며 말해보세요.

1 Tā chuān zhe dàyī. ➡ 그는 외투를 입고 있다.

2 Tā kāi zhe chuānghu. ➡ 그는 창문을 열고 있다.

3 Tā kàn zhe jīngjù. ➡ 그는 경극을 보고 있다.

4 Tā dǎ zhe lánqiú. ➡ 그는 농구를 하고 있다.

5 Tā tán zhe gāngqín. ➡ 그는 피아노를 치고 있다.

6 Tā bēi zhe shūbāo. ➡ 그는 가방을 메고 있다.

Plus 어휘

중국도시 北京 Běijīng 명 북경 | 青岛 Qīngdǎo 명 청도 | 天津 Tiānjīn 명 천진 | 大连 Dàlián 명 대련 | 哈尔滨 Hāěrbīn 명 하얼빈 | 四川 Sìchuān 명 사천

▶ 다음 중국어에 맞게 성조를 표시하며 말해보세요.

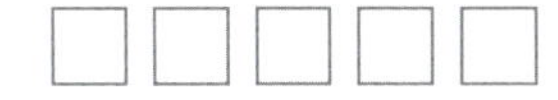

1 他穿着大衣。

2 他开着窗户。

3 他看着京剧。

4 他打着篮球。

5 他弹着钢琴。

6 他背着书包。

Plus 어휘

중국도시   上海 Shànghǎi 명 상해 | 苏州 Sūzhōu 명 소주 | 杭州 Hángzhōu 명 항주 | 桂林 Guìlín 명 계림 |
广东 Guǎngdōng 명 광둥 | 香港 Xiānggǎng 명 홍콩 | 台湾 Táiwān 명 대만

56 过

火锅 훠궈
huǒguō

吃过火锅 훠궈를 먹은 적이 있다
chī guo huǒguō

我吃过火锅。 나는 훠궈를 먹은 적이 있다.
Wǒ chī guo huǒguō.

我没吃过火锅。 나는 훠궈를 먹은 적이 없다.
Wǒ méi chī guo huǒguō.

단어 火锅 huǒguō 몡 훠궈(중국식 샤브샤브) | 吃 chī 동 먹다 | 过 guo 조 경험을 나타내는 조사
我 wǒ 대 나 | 没 méi 부 不의 과거

속사정

동태조사 过는 동사 뒤에 쓰여 동작의 경험을 나타낸다. 이때 부사 **曾经(céngjīng)**이나 **已经**과 자주 함께 쓰인다.
부정은 술어 앞에 **不**의 과거 **没**를 쓴다.

속풀이

我买**过**衣服。　나는 옷을 산 적이 있다.
Wǒ mǎi guo yīfu.

买 mǎi 동 사다 | 衣服 yīfu 명 옷

我喝**过**饮料。　나는 음료수를 마신 적이 있다.
Wǒ hē guo yǐnliào.

喝 hē 동 마시다 | 饮料 yǐnliào 명 음료수

我看**过**电影。　나는 영화를 본 적이 있다.
Wǒ kàn guo diànyǐng.

看 kàn 동 보다 | 电影 diànyǐng 명 영화

我见**过**朋友。　나는 친구를 만난 적이 있다.
Wǒ jiàn guo péngyou.

见 jiàn 동 만나다 | 朋友 péngyou 명 친구

我学**过**外语。　나는 외국어를 공부한 적이 있다.
Wǒ xué guo wàiyǔ.

学 xué 동 공부하다 | 外语 wàiyǔ 명 외국어

我写**过**报告。　나는 보고서를 쓴 적이 있다.
Wǒ xiě guo bàogào.

写 xiě 동 쓰다 | 报告 bàogào 명 보고서

▶ 다음 내용을 보고 중국어를 생각하며 말해보세요.

1 Wǒ mǎi guo yīfu. ➡ 나는 옷을 산 적이 있다.

2 Wǒ hē guo yǐnliào. ➡ 나는 음료수를 마신 적이 있다.

3 Wǒ kàn guo diànyǐng. ➡ 나는 영화를 본 적이 있다.

4 Wǒ jiàn guo péngyou. ➡ 나는 친구를 만난 적이 있다.

5 Wǒ xué guo wàiyǔ. ➡ 나는 외국어를 공부한 적이 있다.

6 Wǒ xiě guo bàogào. ➡ 나는 보고서를 쓴 적이 있다.

Plus 어휘

중국음식 北京烤鸭 Běijīng kǎoyā 몡 북경 오리구이 | 糖醋肉 tángcùròu 몡 탕수육 | 饺子 jiǎozi 몡 교자(고기나 야채를 넣어 만든 만두) | 馒头 mántou 몡 찐빵(소가 없는 만두) | 点心 diǎnxīn 몡 딤섬

▶ 다음 중국어에 맞게 성조를 표시하며 말해보세요.

1 我买过衣服。

2 我喝过饮料。

3 我看过电影。

4 我见过朋友。

5 我学过外语。

6 我写过报告。

Plus 어휘

중국음식 | 宫保鸡丁 gōngbǎo jīdīng 명 궁보지정 | 麻婆豆腐 mápó dòufu 명 마파두부 | 鱼香肉丝 yúxiāngròusī 명 어향육사 | 炸馒头 zhá mántou 튀김만두 | 羊肉串儿 yángròuchuànr 명 양꼬치

1 다음 한자에 맞는 병음을 써 보세요.

❶ 衣服 ➡ ___________________________

❷ 饮料 ➡ ___________________________

❸ 电影 ➡ ___________________________

❹ 朋友 ➡ ___________________________

❺ 外语 ➡ ___________________________

❻ 报告 ➡ ___________________________

2 아래 문장에서 병음은 한자를 한자는 병음을 적으세요.

❶ 我喝了饮料。 ➡ ___________________________

❷ Wǒ xué zhe wàiyǔ. ➡ ___________________________

❸ Wǒ xiě guo bàogào. ➡ ___________________________

3 다음 오른쪽에 있는 의미를 참고하여 빈칸에 알맞은 단어를 쓰세요.

❶ 我看 ＿＿＿＿ 电影。　　　　나는 영화를 봤다.

❷ Wǒ kàn ＿＿＿＿ diànyǐng.　　나는 영화를 보고 있다.

❸ 我看 ＿＿＿＿ 电影。　　　　Wǒ kàn guo diànyǐng.

4 다음 한국어 문장을 중국어 문장으로 만들어 보세요.

❶ 나는 친구를 만났다　　　➡　＿＿＿＿＿＿＿＿＿＿＿＿＿

❷ 나는 옷을 사고 있다.　　➡　＿＿＿＿＿＿＿＿＿＿＿＿＿

❸ 나는 외국어를 공부한 적이 있다.　➡　＿＿＿＿＿＿＿＿＿＿＿＿＿

11장

접속사로 나타내는 복문!

비록 A이지만, B하다 虽然A，但是B / A때문에, (그래서) B하다 / 因为A，所以B / 만약 A라면, B하다 如果A，就B / A하면서, B하다 一边A，一边B

1단계	복문의 의미를 익힌다.
2단계	접속사의 의미를 익힌다.
3단계	접속사의 위치와 쓰임을 익힌다.
4단계	학습한 접속사를 실생활에 적용해본다.

비록 A하지만, B하다

非常贵　매우 비싸다
fēicháng guì

漂亮，但是非常贵。　예쁘지만, 매우 비싸다.
Piàoliang, dànshì fēicháng guì.

这虽然漂亮，但是非常贵。　이것은 비록 예쁘지만, 매우 비싸다.
Zhè suīrán piàoliang, dànshì fēicháng guì.

단어 非常 fēicháng 형 매우 | 贵 guì 형 비싸다 | 漂亮 piàoliang 형 예쁘다
但是 dànshì 접 그러나 | 这 zhè 대 이, 이것 | 虽然 suīrán 접 비록 ~일지라도

속사정

복문이란 한 문장에 두 개의 문장이 있는 것을 말하며, 대부분 접속사로 나타내거나 부사를
활용하여 나타낼 때에는 쉼표로 문장을 구분한다.
虽然A但是B는 역접을 나타내는 접속사로, '비록 A이지만, B하다'라는 뜻으로 쓰인다.
但是 대신 **可是**를 쓸 수 있다.

속풀이

这	虽然	漂亮，	但是	非常	贵。
주어	접속사	형용사	접속사	부사	형용사

깡그리 문장패턴

这**虽然**好看，**但是**不能买。　이것은 비록 예쁘지만, 살 수 없다.
Zhè suīrán hǎokàn, dànshì bù néng mǎi.

好看 hǎokàn 형 보기 좋다, 예쁘다 | 买 mǎi 동 사다

菜**虽然**好吃，**但是**非常贵。　요리는 비록 맛있지만, 매우 비싸다.
Cài suīrán hǎochī, dànshì fēicháng guì.

菜 cài 명 요리 | 好吃 hǎochī 형 맛있다 | 非常 fēicháng 형 매우 | 贵 guì 형 비싸다

她**虽然**生病，**但是**出差了。　그녀는 비록 병이 났지만, 출장을 갔다.
Tā suīrán shēngbìng, dànshì chūchāi le.

生病 shēngbìng 동 병이 나다 | 出差 chūchāi 동 출장 가다

她**虽然**下雨，**但是**出去了。　그녀는 비록 비가 내리지만, 나갔다.
Tā suīrán xiàyǔ, dànshì chūqù le.

下雨 xiàyǔ 동 비가 내리다 | 出去 chūqù 동 나가다, 외출하다

书**虽然**有名，**但是**没意思。　책은 비록 유명하지만, 재미가 없다.
Shū suīrán yǒumíng, dànshì méi yìsi.

书 shū 명 책 | 有名 yǒumíng 형 유명하다 | 意思 yìsi 명 의미

他**虽然**不帅，**但是**很善良。　그는 비록 잘생기지 않았지만, 착하다.
Tā suīrán bú shuài, dànshì hěn shànliáng.

帅 shuài 형 잘생기다 | 善良 shànliáng 형 착하다

▶ 다음 내용을 보고 중국어를 생각하며 말해보세요.

1 **Zhè suīrán hǎokàn, dànshì bù néng mǎi.**
➡ 이것은 비록 예쁘지만, 살 수 없다.

2 **Cài suīrán hǎochī, dànshì fēicháng guì.**
➡ 요리는 비록 맛있지만, 매우 비싸다.

3 **Tā suīrán shēngbìng, dànshì chūchāi le.**
➡ 그녀는 비록 병이 났지만, 출장을 갔다.

4 **Tā suīrán xiàyǔ, dànshì chūqù le.**
➡ 그녀는 비록 비가 내리지만, 나갔다.

5 **Shū suīrán yǒumíng, dànshì méi yìsi.**
➡ 책은 비록 유명하지만, 재미가 없다.

6 **Tā suīrán bù shuài, dànshì hěn shànliáng.**
➡ 그는 비록 잘생기지 않았지만, 착하다.

Plus 어휘

채팅 용어 7998 去走走吧 qu zǒu zǒu ba 가자 | 765 去跳舞 qù tiàowǔ 춤추러 가자 | 596 我走了 wǒ zǒu le 갈게 | 456 是我啦 shì wǒ la 나야

▶ 다음 중국어에 맞게 성조를 표시하며 말해보세요.

1 这虽然好看，但是不能买。

2 菜虽然好吃，但是非常贵。

3 她虽然生病，但是出差了。

4 她虽然下雨，但是出去了。

5 书虽然有名，但是没意思。

6 他虽然不帅，但是很善良。

Plus 어휘

채팅 용어 886 拜拜了 bài bai le 잘가 | 721 亲爱的 qīn'ai de 자기야 | 360 想念你 xiǎng niàn nǐ 너가 보고 싶어 | 748 去死吧 qù sǐ ba 죽어버려

58 因为A，所以B

A때문에, (그래서) B하다

不舒服 불편하다
bù shūfu

感冒了，所以不舒服。 감기에 걸렸고, 그래서 불편하다.
Gǎnmào le, suǒyǐ bù shūfu.

因为感冒了，所以不舒服。 감기에 걸려서, 불편하다.
Yīnwèi gǎnmào le, suǒyǐ bù shūfu.

단어 **不** bù 뷔 ~이 아니다 | **舒服** shūfu 혱 편안하다 | **感冒** gǎnmào 동 감기 걸리다
所以 suǒyǐ 젭 그래서 | **因为** yīnwèi 젭 ~때문에

속사정

因为A所以B는 이유를 나타내는 접속사로, 'A때문에, 그래서 B하다'라는 뜻으로 쓰인다.

속풀이

因为	感冒	了，	所以	不	舒服。
접속사	동사	조사	접속사	부정부사	형용사

因为买衣服，**所以**很高兴。　옷을 사서, 매우 기쁘다.
Yīnwèi mǎi yīfu, suǒyǐ hěn gāoxìng.

买 mǎi 동 사다 | 衣服 yīfu 명 옷 | 高兴 gāoxìng 형 기쁘다

因为睡懒觉，**所以**迟到了。　늦잠을 자서, 지각을 했다.
Yīnwèi shuì lǎnjiào, suǒyǐ chídào le.

睡懒觉 shuì lǎnjiào 늦잠 자다 | 迟到 chídào 동 지각하다

因为不运动，**所以**生病了。　운동을 안 해서, 병이 났다.
Yīnwèi bú yùndòng, suǒyǐ shēngbìng le.

运动 yùndòng 동 운동하다 | 生病 shēngbìng 동 병이 나다

因为人很多，**所以**很热闹。　사람이 많아서, 매우 시끄럽다.
Yīnwèi rén hěn duō, suǒyǐ hěn rènao.

人 rén 명 사람 | 多 duō 형 많다 | 热闹 rènao 형 왁자지껄하다

因为很热，**所以**打开空调。　너무 더워서, 에어컨을 켰다.
Yīnwèi hěn rè, suǒyǐ dǎkāi kōngtiáo.

热 rè 형 덥다 | 打开 dǎkāi 동 켜다 | 空调 kōngtiáo 명 에어컨

因为喝醉了，**所以**丢钱包。　취해서, 지갑을 잃어버렸다.
Yīnwèi hē zuì le, suǒyǐ diū qiánbāo.

喝 hē 동 마시다 | 醉 zuì 동 취하다 | 丢 diū 동 잃어버리다 | 钱包 qiánbāo 명 지갑

▶ 다음 내용을 보고 중국어를 생각하며 말해보세요.

1 Yīnwèi mǎi yīfu, suǒyǐ hěn gāoxìng.
   ➡ 옷을 사서, 매우 기쁘다.

2 Yīnwèi shuì lǎnjiào, suǒyǐ chídào le.
   ➡ 늦잠을 자서, 지각을 했다.

3 Yīnwèi bú yùndòng, suǒyǐ shēngbìng le.
   ➡ 운동을 안 해서, 병이 났다.

4 Yīnwèi rén hěn duō, suǒyǐ hěn rènao.
   ➡ 사람이 많아서, 매우 시끄럽다.

5 Yīnwèi hěn rè, suǒyǐ dǎkāi kōngtiáo.
   ➡ 너무 더워서, 에어컨을 켰다.

6 Yīnwèi hē zuì le, suǒyǐ diū qiánbāo.
   ➡ 취해서, 지갑을 잃어버렸다.

Plus 어휘

브랜드 | 三星 Sānxīng 몡 삼성 | 现代 Xiàndài 몡 현대 | 苹果 Píngguǒ 몡 애플 | 索尼 Suǒní 몡 소니

▶ 다음 중국어에 맞게 성조를 표시하며 말해보세요.

1 因为买衣服，所以很高兴。

2 因为睡懒觉，所以迟到了。

3 因为不运动，所以生病了。

4 因为人很多，所以很热闹。

5 因为很热，所以打开空调。

6 因为喝醉了，所以丢钱包。

Plus 어휘

브랜드 香奈儿 Xiāngnài'ěr 몡 샤넬 | 普拉达 Pǔlādá 몡 프라다 | 路易威登 Lùyìwēidēng 몡 루이비통 | 博柏利 Bóbǎilì 몡 버버리

59 如果A，就B

去旅游　여행을 간다
qù lǚyóu

有钱，就去旅游。　돈이 있으면, 여행을 간다.
Yǒu qián, jiù qù lǚyóu.

如果有钱，就去旅游。　만약 돈이 있으면, 여행을 간다.
Rúguǒ yǒu qián, jiù qù lǚyóu.

단어　去 qù 동 가다 | 旅游 lǚyóu 명 여행 | 有 yǒu 동 있다 | 钱 qián 명 돈 | 就 jiù 형 바로, 곧
如果 rúguǒ 접 만일, 만약

속사정

如果A, 就B는 가정을 나타내는 접속사로, '만약 A라면, B하다'라는 뜻으로 쓰인다.

속풀이

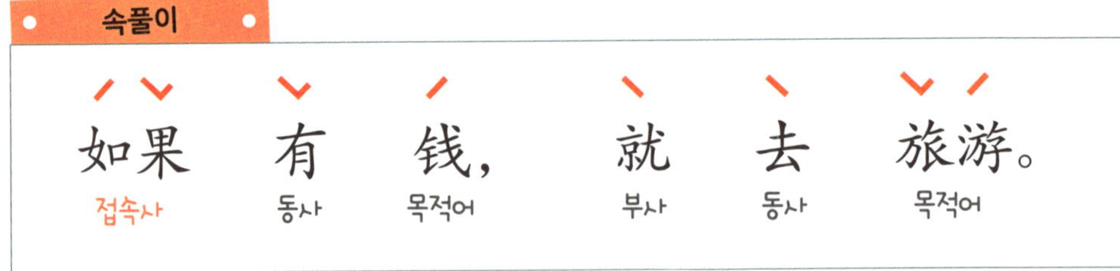

如果有钱，**就**买跑车。 만약 돈이 있으면, 스포츠카를 산다.
Rúguǒ yǒu qián, jiù mǎi pǎochē.

买 mǎi 동 사다 | 跑车 pǎochē 명 스포츠카

如果有钱，**就**买东西。 만약 돈이 있으면, 물건을 산다.
Rúguǒ yǒu qián, jiù mǎi dōngxi.

东西 dōngxi 명 물건

如果有钱，**就**买房屋。 만약 돈이 있으면, 집을 산다.
Rúguǒ yǒu qián, jiù mǎi fángwū.

房屋 fángwū 명 집, 건물

如果有事，**就**别来了。 만약 일이 있으면, 오지 마라.
Rúguǒ yǒu shì, jiù bié lái le.

事 shì 명 일 | 别 bié 형 ～하지 마라 | 来 lái 동 오다

如果很累，**就**去休息。 만약 피곤하면, 쉬세요.
Rúguǒ hěn lèi, jiù qù xiūxi.

累 lèi 형 피곤하다 | 休息 xiūxi 동 휴식하다

如果下雨，**就**别出去。 만약 비가 오면, 나가지 마라.
Rúguǒ xiàyǔ, jiù bié chūqù.

下雨 xiàyǔ 동 비가 내리다 | 出去 chūqù 동 나가다, 외출하다

▶ 다음 내용을 보고 중국어를 생각하며 말해보세요.

1 **Rúguǒ yǒu qián, jiù mǎi pǎochē.**
➡ 만약 돈이 있으면, 스포츠카를 산다.

2 **Rúguǒ yǒu qián, jiù mǎi dōngxi.**
➡ 만약 돈이 있으면, 물건을 산다.

3 **Rúguǒ yǒu qián, jiù mǎi fángwū.**
➡ 만약 돈이 있으면, 집을 산다.

4 **Rúguǒ yǒu shì, jiù bié lái le.**
➡ 만약 일이 있으면, 오지 마라.

5 **Rúguǒ hěn lèi, jiù qù xiūxi.**
➡ 만약 피곤하면, 쉬세요.

6 **Rúguǒ xiàyǔ, jiù bié chūqù.**
➡ 만약 비가 오면, 나가지 마라.

Plus 어휘

비즈니스 交易 jiāoyì 몡 거래 | 成交 chéngjiāo 통 거래가 성립되다 | 订货 dìnghuò 몡 주문 | 保证金 bǎozhèngjīn 몡 보증금

▶ 다음 중국어에 맞게 성조를 표시하며 말해보세요.

□□□□　□□□□
1 如果有钱，就买跑车。

□□□□　□□□□
2 如果有钱，就买东西。

□□□□　□□□□
3 如果有钱，就买房屋。

□□□□　□□□□
4 如果有事，就别来了。

□□□□　□□□□
5 如果很累，就去休息。

□□□□　□□□□
6 如果下雨，就别出去。

비즈니스 生产成本 shēngchǎn chéngběn 명 생산 원가 | 订单 dìngdān 명 오더 | 报价 bàojià 명 오퍼, 견적 |
佣金 yòngjīn 명 커미션, 수수료

60 一边A，一边B

吃饭 밥을 먹다
chīfàn

看电视 텔레비전을 보다
kàn diànshì

一边吃饭，一边看电视。 밥을 먹으면서, 텔레비전을 본다.
Yìbiān chīfàn, yìbiān kàn diànshì.

他一边吃饭，一边看电视。 그는 밥을 먹으면서, 텔레비전을 본다.
Tā yìbiān chīfàn, yìbiān kàn diànshì.

단어 吃饭 chīfàn 동 밥을 먹다 │ 看 kàn 동 보다 │ 电视 diànshì 명 텔레비전 │
一边…一边 yìbiān…yìbiān 접 ～하면서, ～하다 │ 他 tā 대 그

속사정

一边A, 一边B는 한 번에 두 가지 동작이 동시에 진행되는 것을 나타내는 접속사로, 'A하면서, B하다'라는 뜻으로 쓰인다.

속풀이

他	一边	吃饭，	一边	看	电视。
주어	접속사	동사	접속사	동사	목적어

他一边跑步，一边听音乐。　그는 뛰면서, 음악을 듣는다.
Tā yìbiān pǎobù, yìbiān tīng yīnyuè.

跑步 pǎobù 동 달리다 | 听 tīng 동 듣다 | 音乐 yīnyuè 명 음악

他一边喝咖啡，一边聊天。　그는 커피를 마시면서, 이야기를 한다.
Tā yìbiān hē kāfēi, yìbiān liáotiān.

喝 hē 동 마시다 | 咖啡 kāfēi 명 커피 | 聊天 liáotiān 동 잡담을 하다

他一边学习，一边听音乐。　그는 공부를 하면서, 음악을 듣는다.
Tā yìbiān xuéxí, yìbiān tīng yīnyuè.

学习 xuéxí 동 공부하다

他一边聊天，一边玩手机。　그는 대화를 하면서, 휴대전화로 논다.
Tā yìbiān liáotiān, yìbiān wán shǒujī.

玩 wán 동 놀다 | 手机 shǒujī 명 휴대전화

他一边看书，一边喝咖啡。　그는 책을 보면서, 커피를 마신다.
Tā yìbiān kàn shū, yìbiān hē kāfēi.

看 kàn 동 보다 | 书 shū 명 책

他一边通话，一边发短信。　그는 통화하면서, 문자를 보낸다.
Tā yìbiān tōnghuà, yìbiān fā duǎnxìn.

通话 tōnghuà 동 통화하다 | 发 fā 동 보내다 | 短信 duǎnxìn 명 문자

▶ 다음 내용을 보고 중국어를 생각하며 말해보세요.

1 Tā yìbiān pǎobù, yìbiān tīng yīnyuè.
➡ 그는 뛰면서, 음악을 듣는다.

2 Tā yìbiān hē kāfēi, yìbiān liáotiān.
➡ 그는 커피를 마시면서, 이야기를 한다.

3 Tā yìbiān xuéxí, yìbiān tīng yīnyuè.
➡ 그는 공부를 하면서, 음악을 듣는다.

4 Tā yìbiān liáotiān, yìbiān wán shǒujī.
➡ 그는 대화를 하면서, 휴대전화로 논다.

5 Tā yìbiān kàn shū, yìbiān hē kāfēi.
➡ 그는 책을 보면서, 커피를 마신다.

6 Tā yìbiān tōnghuà, yìbiān fā duǎnxìn.
➡ 그는 통화하면서, 문자를 보낸다.

Plus 어휘

기념일 春节 Chūn Jié 명 춘절, 설날 | 中秋节 Zhōngqiū Jié 명 중추절, 추석 | 国庆节 Guóqìng Jié 명 국경절 | 妇女节 Fùnǚ Jié 명 부녀절 | 劳动节 Láodòng Jié 명 노동절

▶ 다음 중국어에 맞게 성조를 표시하며 말해보세요.

1 他 一 边 跑 步 ， 一 边 听 音 乐 。

2 他 一 边 喝 咖 啡 ， 一 边 聊 天 。

3 他 一 边 学 习 ， 一 边 听 音 乐 。

4 他 一 边 聊 天 ， 一 边 玩 手 机 。

5 他 一 边 看 书 ， 一 边 喝 咖 啡 。

6 他 一 边 通 话 ， 一 边 发 短 信 。

Plus 어휘

기념일 清明节 Qīngmíng Jié 명 단오 | 儿童节 Értóng Jié 명 어린이날 | 教师节 Jiàoshī Jié 명 스승의 날 | 元宵节 Yuánxiāo Jié 명 정월 대보름

1 다음 한자에 맞는 병음을 써 보세요.

❶ 生病 ➡ _______________________

❷ 有名 ➡ _______________________

❸ 感冒 ➡ _______________________

❹ 热闹 ➡ _______________________

❺ 跑车 ➡ _______________________

❻ 短信 ➡ _______________________

2 아래 문장에서 병음은 한자를 한자는 병음을 적으세요.

❶ 她虽然下雨，但是出去了。 ➡ _______________________

❷ Yīnwèi bú yùndòng, suǒyǐ shēngbìng le. ➡ _______________________

❸ Rúguǒ hěn lèi, jiù qù xiūxi. ➡ _______________________

❹ 他一边学习，一边听音乐。 ➡ _______________________

답안 1. ① shēngbìng ② yǒumíng ③ gǎnmào ④ rènao ⑤ pǎochē ⑥ duǎnxìn
2. ① Tā suīrán xiàyǔ, dànshì chūqù le. ② 因为不运动，所以生病了。③ 如果很累，就去休息。④ Tā yìbiān xuéxí, yìbiān tīng yīnyuè.

3 다음 문장 아래에 있는 의미를 참고하여 빈칸에 알맞은 단어를 쓰세요.

❶ 他 ＿＿＿ 不帅，但是很善良。

그는 비록 잘생기지 않았지만, 착하다.

❷ Yīnwèi hěn rè, ＿＿＿ dǎkāi kōngtiáo.

因为很热，所以打开空调。

❸ ＿＿＿ 일이 있으면, 오지 마라.

Rúguǒ yǒu shì, jiù bié lái le.

❹ 他 ＿＿＿ 通话，一边发短信。

그는 통화하면서, 문자를 보낸다.

4 다음 한국어 문장을 중국어 문장으로 만들어 보세요.

❶ 이것은 비록 예쁘지만, 살 수 없다. ➡ ＿＿＿＿＿＿＿＿＿

❷ 늦잠을 자서, 지각을 했다. ➡ ＿＿＿＿＿＿＿＿＿

❸ 만약 비가 오면, 나가지 마라. ➡ ＿＿＿＿＿＿＿＿＿

❹ 그는 대화를 하면서, 휴대전화로 논다. ➡ ＿＿＿＿＿＿＿＿＿

답안 3. ① 虽然 ② suǒyǐ ③ 만약 ④ 一边
4. ① 这虽然好看，但是不能买。 ② 因为睡懒觉，所以迟到了。 ③ 如果下雨，就别出去。
④ 他一边聊天，一边玩手机。

MEMO